D1283430

L'Influence de la musique
sur l'apprentissage,
le comportement
et la santé

Données de catalogage avant publication (Canada)
Abran, Henri, 1938-
    L'influence de la musique sur l'apprentissage, le
    comportement et la santé

    (Dossiers documents)
    Comprend des références bibliographiques.
    ISBN 2-89037-485-8

1. Musique — Influence. 2. Musicothérapie. 3. Musique —
Effets physiologiques. I. Titre. II. Collection: Dossiers documents (Montréal, Québec)

ML3830.A158 1989   615.8'5154   C89-090411-1

La forme masculine utilisée dans cet ouvrage désigne aussi
bien les femmes que les hommes.

Dépôt légal:
Bibliothèque nationale du Québec
Bibliothèque nationale du Canada
4ᵉ trimestre 1989
ISBN 2-89037-485-8

Montage
Régis Normandeau

L'Influence de la musique
sur l'apprentissage, le comportement et la santé

Henri Abran

**Préface
d'André Thibault**
*Professeur agrégé au
Département de psychopédagogie
et d'andragogie de
l'Université de Montréal*

ÉDITIONS QUÉBEC/AMÉRIQUE

425, rue Saint-Jean-Baptiste, Montréal, Québec H2Y 2Z7 (514) 393-1450

Remerciements

Je remercie bien sincèrement tous ceux et celles qui m'ont encouragé, aidé de près ou de loin à concevoir, rédiger et publier ce livre. Il s'agit du travail essentiel d'une équipe dont il serait long d'énumérer tous les noms.

Mes sentiments de reconnaissance s'adressent en particulier à ma femme Martine, ainsi qu'à Diane Martin, Gabrielle Cantin, André Thibault, Micheline Mohamed, André-Paul Bourret, Raymond Rivard, Ghyslain Bard et tous mes collègues du Centre d'enseignement des langues de CP Rail.

À Martine Blache et à nos enfants,
Évelyne et Carl-Philippe.

À tous ceux et celles
qui ne peuvent vivre sans musique.

TABLE DES MATIÈRES

Préface

Andragogue et professeur d'andragogie! À leurs amis qui demandaient ce que faisait leur père, mes enfants, tout jeunes, répondaient: directeur de chorale. C'était plus simple que d'expliquer l'andragogie.

Cette expérience de la direction des chœurs, tant religieux que profanes, une relation quotidienne de plus de vingt ans avec trois de mes enfants musiciens, une réflexion et une pratique de même durée en éducation des adultes, tout cela explique l'intérêt suscité d'abord par le mémoire d'Henri Abran, puis par le livre qui paraît maintenant.

J'ai accepté comme un honneur de préfacer cet ouvrage, mais j'y ai surtout vu l'occasion d'appuyer une démarche de recherche qui n'était pas sans embûches. La suggestopédie et la musicothérapie sont des approches en éducation et en médecine qui ont la fragilité de toute science nouvelle. L'andragogie en sait quelque chose. La vigueur, la rigueur et la prudence avec laquelle Henri Abran aborde l'une et l'autre ne sont peut-être pas étrangères au fait qu'il soit lui-même andragogue.

On ne peut comprendre les risques encourus par un auteur qui traite de suggestopédie et de musicothérapie sur une toile de fond andragogique qu'en recourant au fondement même de l'esprit scientifique, qui est la recherche de la vérité. Henri Abran s'y applique avec tout le respect qui est dû à la qualité des nombreux auteurs dont il scrute les travaux et à la variété des résultats auxquels ont conduit leurs recherches.

À l'heure où l'on ne remet plus en question la nécessité de l'éducation permanente, à l'heure où l'on tend à substituer à certaines pratiques de la médecine traditionnelle celles des médecines douces, un ouvrage qui traite de l'influence de la musique sur l'apprentissage, le comportement et la santé ne peut que susciter le plus grand intérêt.

Sans l'avoir analysée systématiquement, mon expérience de maître de chœur m'a toutefois appris qu'au-delà du plaisir de chanter, des choristes cherchent souvent dans la musique une occasion, un moyen de travailler *sur soi*, quand ce n'est pas de *guérir* une blessure qui n'est pas nécessairement physique, comme le raconte Ghyslain Bard, mais d'ordre psychologique ou émotionnel.

Henri Abran offre aux initiés l'occasion de confronter des acquis, mais aussi, probablement, de pousser plus loin réflexions et recherches. Chez les autres, il provoquera l'étonnement, aiguisera la curiosité et suscitera à n'en pas douter le goût de la découverte, chacun cherchant à vérifier dans sa propre expérience de vie certaines données que fournit le livre, un livre de pédagogue.

Mais la démarche est périlleuse de vouloir rapprocher systématiquement les divers éléments de la musique, d'une part, et l'apprentissage, le comportement et la santé, d'autre part. Il faut savoir gré à l'auteur de s'être courageusement engagé dans cette voie tout en reconnaissant la difficulté d'isoler telle ou telle dimension d'une œuvre. Le doute est aussi caractéristique du chercheur.

Un tel sujet eût pu être aride. L'auteur a su éviter ce piège avec ses préludes, qui sont autant de rideaux ouverts sur son univers familial et musical. Autant de haltes qui nous reposent d'une route qui court à travers le langage technique mais qui, de plus en plus claire et large, nous mène à l'éloquent chapitre septième.

Cet ouvrage méritait d'être publié en vertu des aspects novateurs qu'il propose à notre réflexion, du plaisir de la découverte qu'il nous fait partager et que l'éditeur d'Henri Abran a contribué à répandre.

André Thibault
professeur agrégé
Université de Montréal

Introduction

La plus grande partie de ce livre provient d'un mémoire de maîtrise en andragogie[1], intitulé *L'Influence de la musique sur l'apprentissage des adultes.*

La genèse de ce mémoire est assez simple. J'étais retourné aux études à l'Université de Montréal, à la Faculté des sciences de l'éducation, section Andragogie. Je cherchais un sujet passionnant pour mon mémoire de maîtrise. À cette même période de ma vie, j'enseignais le français langue seconde et maternelle au Canadien Pacifique. Je devais utiliser la suggestopédie, méthode qui préconise l'usage de la musique pour faciliter l'apprentissage. J'ai cru alors qu'en choisissant le sujet mentionné plus haut je ferais d'une pierre deux coups: je pourrais améliorer mon rendement comme professeur de langue et peut-être faire quelques petites découvertes, ou du moins faire le point au sujet de l'influence de la musique sur l'apprentissage. D'ailleurs, musicien amateur moi-même depuis que je suis enfant, l'influence de la musique sur l'être humain m'avait toujours intéressé.

J'ai donc entrepris cette recherche avec enthousiasme, mais je me suis vite rendu compte que l'entreprise était plus ardue que je ne l'avais cru. J'abordais un

---

1. L'andragogie est la science de l'éducation des adultes.

domaine que la science avait encore mal exploré et où l'on rencontrait plus d'hypothèses que de certitudes. En outre, aucun chercheur, à ma connaissance, n'avait mené d'étude élaborée, synthétique sur le sujet.

J'ai mené une recherche de type exploratoire. J'ai étudié, entre autres, des auteurs qui ont traité de sujets comme la suggestopédie, la musicothérapie, l'histoire de la musique... Il y avait une importante masse de documents à dépouiller.

En parcourant ces auteurs, j'ai constaté assez tôt que la plupart estimaient probable, sinon certaine, l'influence de la musique sur l'apprentissage, le comportement et la santé.

On reconnaissait par exemple volontiers les vertus thérapeutiques de la suggestopédie, grande utilisatrice de la musique facilitant l'apprentissage. Par ailleurs, la musicothérapie donnait beaucoup d'exemples des effets de la musique sur l'apprentissage, le comportement et surtout évidemment sur la santé. D'autres disciplines allaient dans le même sens. Il ne fut donc pas si difficile d'établir, dès le premier chapitre de mon mémoire, que la musique a vraiment cette influence.

La démarche de recherche pour rédiger le deuxième chapitre s'avéra beaucoup plus laborieuse. Cette fois, il me fallait inventer un cadre conceptuel permettant d'isoler des paramètres ou des éléments fondamentaux sur lesquels je m'arrêterais pour préciser cette influence. Autrement dit, en termes un peu simplistes, il fallait trouver quels éléments de la musique influaient sur quels éléments de l'apprentissage. Que de tâtonnements, que de détours pour aboutir finalement à ce cadre conceptuel qui paraît maintenant relativement simple et que j'ai repris presque tel quel dans le chapitre III du présent livre.

Une fois les deux premiers chapitres du mémoire bien structurés, le troisième, soit la présentation des résultats, semblait aller de soi. Mais encore là, ce ne fut pas si simple. Le cadre conceptuel comprenait beaucoup d'éléments principaux et d'éléments secondaires qui s'entremêlaient parfois. Il devenait souvent impossible d'isoler un élément pour préciser son influence. J'ai eu en cours de route quelques surprises, entre autres celle de constater qu'il existait une abondante documentation sur les effets du rythme, mais à peu près rien sur ceux du timbre. Enfin, le concept d'ambiance ne fut pas facile à définir, car il se prêtait dans les textes à toutes sortes d'interprétations.

Par rapport au texte original de mon mémoire, je me suis permis certains changements dans le titre et dans la structure.

D'abord, dans le titre: *L'Influence de la musique sur l'apprentissage des adultes* est devenu *L'Influence de la musique sur l'apprentissage, le comportement et la santé*. Et pourquoi? Au départ, voulant publier un livre à partir de mon mémoire, je savais que le public s'intéresserait davantage aux effets de la musique sur le comportement et encore plus peut-être aux effets sur la santé. Cela dit, la recherche m'avait appris que le concept d'apprentissage pouvait se définir comme «l'acquisition d'un nouveau comportement...» Dès lors, admettre que la musique a une influence sur l'apprentissage, c'est admettre qu'elle en a une, ou du moins qu'elle peut en avoir une, sur le comportement.

En outre, j'avais dû aborder dans ma recherche la question des effets physiologiques de la musique et ses effets sur la santé. Dans ce domaine, j'ai quand même fait, après mon mémoire, des recherches supplémentaires en vue d'écrire ce livre.

Ainsi, je me sentais pleinement justifié de modifier le titre du livre et de supprimer finalement le mot «adultes» qui devenait trop restrictif.

J'ai aussi modifié la structure du livre, les trois chapitres initiaux devenant sept chapitres. J'ai supprimé certaines parties et j'en ai ajouté quelques autres. Par exemple, quelques parties trop techniques concernant la suggestopédie ne me semblaient pas pouvoir intéresser le grand public. Autre exemple : la dernière partie du chapitre VII est entièrement nouvelle.

Enfin, conscient que le lecteur aurait à lire une recherche retouchée, mais d'un style souvent assez didactique, j'ai cru bon, à la suggestion de l'éditeur, d'ajouter une touche vraiment personnelle. Cette « touche » ou cette « note » personnelle, que je voulais propager un peu tout le long de l'ouvrage, est devenue, dans les mains d'un amateur de musique, un « prélude » ou une entrée en matière pour chaque chapitre.

Les préludes ainsi compris, ressemblant je l'espère aux entrées qu'on sert avant les repas gastronomiques, ont pour but de réchauffer l'esprit du lecteur, de lui mettre un peu l'eau à la bouche, de créer une atmosphère propice à la lecture du chapitre qui suit. Les trois premiers préludes sont de courts récits et les quatre autres de petits essais ou exposés portant sur des sujets d'actualité ou d'intérêt général. S'il en avait le goût, le lecteur pourrait aussi décider de lire ces préludes d'une seule traite.

Le présent livre souhaite ouvrir un peu plus grande la porte aux chercheurs de l'avenir, surtout dans le domaine de l'éducation, puisque à l'origine j'ai mené cette recherche dans le cadre de l'éducation des adultes. Il s'adresse aux spécialistes de la formation linguistique, mais aussi à tous les éducateurs. Il intéressera aussi l'homme et la femme en général, les gens qui se préoccupent de questions de psychologie et de médecine et, bien sûr... les musiciens et les amateurs de musique.

Les données que ce livre renferme représentent une certaine contribution à divers domaines. Il reste une énorme matière à explorer aux chercheurs de l'avenir. Nous possédons peu de données, par exemple, sur les effets de la musique contemporaine, qui reflète souvent le monde chaotique dans lequel nous vivons. Quel est l'effet d'une musique dissonante, disharmonieuse, sur nos cellules ?... Y a-t-il une relation de cause à effet entre la disharmonie musicale et le cancer ?... Belles questions pour les chercheurs.

Ce livre veut aussi sensibiliser le public au fait que la musique, celle qu'on nous impose et celle qu'on écoute librement, a une profonde influence sur nous. Trop peu de monde en est conscient. Trop peu de JEUNES hélas ! mal formés ou mal informés, écoutent ou font n'importe quelle musique, sans se soucier de ses répercussions sur eux-mêmes et sur les autres. J'ai écrit ce livre pour que nous soyons tous un peu plus conscients de ces répercussions, et un peu plus vigilants.

Première partie

Vers une recherche sur l'influence de la musique

Prélude I

Une petite fille
qui rêvait de jouer du violon

Avant d'entreprendre la lecture du premier chapitre, qui vous mènera sur le sentier un peu aride de la recherche, je vous propose de vous réchauffer un peu l'esprit. Dans cette entrée en matière, je vais vous dire un mot de mon violon d'Ingres, c'est le cas de le dire. Au début de chaque chapitre, je vous raconterai une histoire, ou je vous parlerai de sujets d'actualité, un peu comme on le ferait dans le salon ou dans un bistrot en sirotant tranquillement notre boisson préférée. Car je brûle d'envie de sortir la musique des livres, de vous la rendre bien vivante, concrète, de vous donner des exemples de vie et même de vous donner le goût d'en faire.

* * *

Quand notre petite fille Évelyne a eu sept ans, nous lui avons trouvé un professeur de violon. Depuis quelques années déjà, nous lui suggérions d'apprendre cet instrument et elle semblait d'accord. Combien de fois nous lui avons fait entendre de la belle musique à la radio, à la télévision, sur disques et sur cassettes. Souvent elle s'endormait aux airs sublimes du répertoire classique, de Vivaldi à Sibélius. Nous lui répétions que ce serait tellement merveilleux si elle devenait violoniste. Pouvoir de la suggestion ?... Évelyne nous écoutait, regardait de ses grands yeux admiratifs son frère aîné qui jouait du piano et se voyait déjà un jour l'accompagner.

Un peu plus tard, le rêve a commencé à se réaliser. C'est Lucie Ménard, violoniste de l'Orchestre symphonique métropolitain, qui lui donna ses premières leçons, sur un quart de violon. Quelle pédagogie chez cette jeune femme, quel dévouement, quel amour de la musique! Tous les samedis matin, nous allions voir Lucie, boulevard Pie IX, dans son petit appartement au troisième étage. Malgré les fréquentes nausées que lui donnaient les voyages en automobile, Évelyne ne se plaignait jamais. Bientôt, la demi-heure magique commençait. Les minutes passaient comme des secondes...

Dès les premières leçons, j'ai demandé à Lucie si elle croyait que je pouvais moi-même apprendre. J'avais un tel goût, un tel désir — «Et pourquoi pas?» — Elle venait d'allumer la flamme de l'espoir. Je n'allais pas la laisser s'éteindre. Cependant, elle me demanda d'attendre un an avant de m'acheter un violon, pour qu'elle puisse se concentrer sur Évelyne de façon que la petite parte du bon pied. J'étais prêt à ce supplice pour pouvoir réaliser un vieux rêve. J'avais appris le piano pendant quatre ans, quand j'étais adolescent, parfois dans des conditions assez misérables que je décrirai peut-être un jour. Le seul violon poussiéreux et grincheux que j'aie pris dans mes mains, à l'époque, était dans un tel état de délabrement qu'il n'avait rien pour me séduire. Mais l'instrument en lui-même me plaisait beaucoup.

Évelyne apprit assez rapidement. Elle participa à un premier concert après quatre mois, en décembre, peu avant Noël. Elle joua *Le Petit Poulet*, pièce enfantine, dans un petit orchestre que Lucie avait formé et qu'elle dirigeait tout en jouant elle-même. Nous étions aux anges! L'année se poursuivit jusqu'en mai, mois du deuxième concert où Évelyne joua quelques petites pièces dans le même orchestre.

L'automne suivant, je m'achetai un violon d'une bonne dame que Lucie connaissait. Lucie me fit languir encore quelque temps et consentit à me donner les dix dernières minutes de la leçon. Je jubilais comme un enfant qui reçoit un cadeau longtemps espéré. Mais j'allais payer cette joie assez cher. J'allais vite me rendre compte qu'apprendre le violon à un certain âge, quand on a déjà fait une très grave hernie discale, n'est pas une entreprise de tout repos.

Heureusement, j'avais assisté à toutes les leçons d'Évelyne depuis le début. J'avais présidé à tous les exercices, d'un œil observateur et surtout d'une oreille attentive. J'avais donc acquis une certaine base théorique. Mais de la théorie à la pratique, quel pas à franchir! Je ne pouvais utiliser le violon que quelques minutes à la fois. C'était presque une torture pour le cou, le dos et parfois les hanches.

Têtu de nature, je persistai toutefois pendant quelques mois. Je réussis, par bribes de leçons et d'exercices, à apprendre quelques pièces tant bien que mal, grâce aux samedis soirs et aux dimanches, consacrés en bonne partie à ce nouveau passe-temps.

Martine s'assoyait quelques minutes dans le salon avec un tricot, pour se détendre d'une dure journée de travail. Quand elle croyait discerner une certaine amélioration sur mes grincements antérieurs, elle y allait d'un: «J'te trouve pas mal bon!...» qui me faisait rougir de fierté et m'aidait à prolonger mon entraînement de quelques minutes.

Évelyne était tellement plus souple! Aussi, la petite disposait-elle d'une mémoire d'éléphant. On sait que la mémoire est la première clé de l'interprétation. Ce qu'elle retenait en criant «lapin» et comme par enchantement, je devais mettre de longs moments, parfois des jours, à le faire.

Au bout de deux ans et demi, en décembre, Lucie nous annonça qu'elle se sentait débordée par son travail professionnel dans l'Orchestre symphonique. Bien à regret, nous l'avons quittée, en espérant de toutes nos forces trouver quelqu'un pour la remplacer. Nous étions inquiets, nous risquions de tomber dans le vide. Évelyne avait parcouru un bout de chemin. Elle avait participé à trois concerts et avait eu l'audace, en ce dernier mois de décembre, d'interpréter deux pièces de Noël devant toute son école. Lucie nous avait beaucoup donné. À Évelyne, elle avait donné l'amour du violon, et sans amour, pouvez-vous vraiment jouer d'un instrument?...

* * *

Voilà la première partie de mon histoire, dont je vous raconterai la suite dans le prélude du deuxième chapitre. Vous avez le choix de lire la suite de l'histoire dès maintenant ou de vous plonger dans cette recherche, qui m'a, elle aussi, occupé pendant des années.

Chapitre I

Comment l'influence de la musique
sur l'être humain m'a passionné

La musique a, de tous les arts, l'influence la plus profonde sur l'âme.

Napoléon

La musique, la suggestopédie et l'enseignement des langues

Ceux qui connaissent la suggestopédie, nouvelle méthode ou approche qui utilise la suggestion pour enseigner, savent qu'elle accorde une place assez importante à la musique.

Vers les années 70-80, la suggestopédie, surtout utilisée pour enseigner les langues étrangères, fit couler beaucoup d'encre... et de salive dans certains milieux. Au Canada, on en parlait surtout dans des milieux spécialisés d'enseignants de français et d'anglais langue seconde et chez les étudiants concernés. On avait découvert, du moins l'affirmait-on, une façon plus subtile, plus rapide, beaucoup plus efficace d'assimiler les rudiments d'une langue étrangère.

Depuis, d'autres approches, d'autres méthodes sont venues enrichir, compléter et parfois peut-être remettre en question l'approche suggestopédique.

Mais que vient faire la suggestopédie dans un livre qui traite de l'influence de la musique sur l'être humain ? Nous verrons que c'est une porte d'entrée tout à fait appropriée.

Le mot suggestopédie renferme cinq syllabes qui ont de quoi effrayer un lecteur non initié. Un peu d'histoire concernant une branche de la pédagogie — l'enseignement des langues étrangères — permettra de mieux situer cette nouvelle science.

L'enseignement des langues étrangères a piétiné pendant des siècles, mais il a grandement évolué depuis quelques décennies. Avant la Seconde Guerre mondiale, on appliquait, sans trop se poser de questions, une méthode traditionnelle qui consistait à enseigner du vocabulaire, des règles de grammaire, et à faire faire à l'étudiant quelques thèmes, versions et rédactions sur des sujets choisis. Cette approche ne différait guère de celle qu'on appliquait à l'apprentissage des langues mortes, comme le latin et le grec.

Durant la Seconde Guerre mondiale, les Américains eurent à former des espions pour certaines missions secrètes importantes effectuées en Allemagne. Parmi les connaissances à acquérir, figurait au premier rang l'apprentissage de la langue du pays ennemi. Étant donné cette nécessité, ils consacrèrent des budgets importants à des recherches dans ce domaine. Ces recherches aboutirent à une méthode structurale, basée sur les découvertes de la psychologie behavioriste.

Ces travaux auront une profonde influence sur des méthodes comme *Modern American English, Voix et images de France* et *Le Français international,* pour n'en citer que quelques-unes. Ces dernières ont paru dans les années 60 et se sont répandues aux États-Unis, en France, au Canada et dans d'autres pays. Elles représentent des exemples assez typiques des méthodes structurales ou structuro-globales. Dans ce genre de méthode, le professeur présente à l'élève, une à une ou dans un texte, des structures ou phrases ou parties de phrases. Il les travaille une à une, souvent au moyen d'un laboratoire de langues, dans des exercices répétitifs, jusqu'à obtenir de l'élève des réponses automatiques satisfaisantes.

Cette découverte de l'approche structurale par les Américains et son application dans diverses méthodes, dans des livres, dans un matériel didactique audio-lingual et audio-visuel constituaient une véritable révolution dans le domaine de l'enseignement des langues étrangères.

Les professeurs et même les étudiants étaient très souvent emballés par cette nouvelle façon, à la fois plus pragmatique, plus scientifique et plus performante d'enseigner les langues. Je me souviens, pour avoir fait la promotion du français langue seconde et du *Français international* en Ontario en 1967, du climat de ferveur qui régnait fréquemment dans le milieu des enseignants. Malgré la sévérité de ces méthodes, certains enseignants faisaient preuve d'une imagination remarquable. Ces méthodes, comme toutes les autres, n'avaient pas que des avantages.

Au Canada, et peut-être encore plus au Québec, sous des pressions politiques, économiques, sociales et culturelles, l'enseignement du français langue seconde se développait. À Ottawa, sous l'influence de la politique du biculturalisme, la fonction publique mettait sur pied une solide organisation pour « bilinguiser » les fonctionnaires. Au Québec, les Centres d'orientation et de formation pour immigrants (COFI) se développaient. Des écoles privées naissaient et se multipliaient. Dans les institutions scolaires de tous les niveaux, professeurs et chercheurs s'intéressaient de plus en plus à l'enseignement des langues. Bref, l'enseignement des langues se perfectionnait, les approches s'affinaient.

La suggestopédie au Canadien Pacifique, au Canadien National et ailleurs

En mai 1976, j'ai commencé à travailler au Centre d'enseignement des langues (CEL) du Canadien Pacifique. *Le Français international* était alors la méthode la plus utilisée. On complétait cette dernière par d'autres méthodes et par des activités variées de communication. Le français langue seconde[1] s'enseignait dans cette entreprise depuis 1969, date de la fondation du CEL.

De nombreux étudiants et formateurs avaient remarqué que les méthodes structurales faisaient presque

---

1. Au Canada, comme il y a deux langues officielles, on parle généralement de langues secondes. En France, on parle plutôt de langues étrangères.

uniquement appel au raisonnement et au développement d'automatismes. Elles laissaient peu de place à l'imagination, à la créativité, à l'émotion, bref à la personnalité complète de l'étudiant.

La direction du Centre d'enseignement des langues était consciente de cette lacune, et elle chercha par divers moyens à augmenter l'efficacité de l'enseignement du français. En 1974, le directeur avait assisté à un séminaire, à Ottawa, auquel participait le Dr Georgi Lozanov, fondateur de la suggestopédie.

La suggestopédie mettait l'accent sur l'utilisation de la personnalité entière de l'étudiant. On y tenait compte des hémisphères droit et gauche du cerveau, du conscient et de l'inconscient, de la raison, de l'émotion et de la créativité.

G. Lozanov, médecin et psychothérapeute bulgare, affirmait pouvoir décupler, ou presque, la vitesse d'apprentissage des langues vivantes enseignées aux adultes. Il y avait de quoi faire rêver tout formateur dans ce domaine.

Quelques années plus tard, d'autres formateurs du CEL s'intéressèrent à la suggestopédie, qui se répandait dans des pays comme la France, les États-Unis et même le Canada, en particulier à Ottawa, à la Commission de la fonction publique, et à Montréal aux Services linguistiques du Canadien National[2].

Au Canadien Pacifique, en août 1978, on demanda à une professeure expérimentée et à une superviseure particulièrement intéressée de participer à des stages de formation, afin de mettre sur pied un programme de formation en suggestopédie.

Elles firent un premier voyage aux É.U. en août 1978, au LANGUAGES IN NEW DIMENSIONS (Institut LIND) à San Francisco, où elles participèrent à un stage de formation sur la suggestopédie.

---

2. Les Services linguistiques du Canadien National, section Enseignement des langues, utilisent la suggestopédie depuis 1976.

Par la suite, d'autres formateurs du CEL firent des stages de formation en suggestopédie aux États-Unis et en Europe. Ils participèrent aussi à des séminaires sur des méthodes qui s'inspirent de la suggestopédie.

Du 23 octobre au 24 novembre 1978, une professeure convenablement formée donna, à 12 participants du Canadien Pacifique, le premier cours de suggestopédie en français langue seconde, langue parlée niveau débutant. Le cours fut un succès et l'enthousiasme gagna les étudiants, la direction du CEL, la direction du perfectionnement du personnel et d'autres formateurs du CEL.

Cette première expérience s'avérant prometteuse, d'autres formateurs reçurent un entraînement en vue de remplacer graduellement les méthodes en usage par la suggestopédie. La suggestopédie s'implanta ainsi peu à peu dans l'entreprise, au Centre de la gare Windsor et dans d'autres centres du Canadien Pacifique à Montréal. À Sofia, Lozanov n'avait mis sur pied qu'un cours de niveau débutant, pour le français langue parlée. À Ottawa, la Commission de la fonction publique du Canada s'était arrêtée au niveau intermédiaire. Avec une équipe d'une dizaine de professeurs, le CEL mit graduellement sur pied, de 1978 à 1985, une série de cours d'un niveau plus avancé en langue parlée, en s'inspirant des principes suggestopédiques.

En 1980, une autre professeure au CEL donnait un premier cours de correspondance commerciale inspiré de la même approche. Puis s'organisèrent d'autres cours de français écrit et commercial. Après des études appropriées, j'imitai mes collègues. J'ai donné une quinzaine de stages inspirés de cette approche. De 1978 à juin 1985, cinq cents étudiants ont suivi des cours de langue parlée selon l'approche suggestopédique et une centaine d'étudiants ont suivi des cours en langue écrite. Environ 80 % de ces cours se donnaient en français et 20 % en anglais. Le maximum d'étudiants par groupe était de 12.

Qu'est-ce que la suggestopédie?

Mais d'où venait cet intérêt pour la suggestopédie dans différents pays et milieux? Quelle est la nature de la suggestopédie, quelle est son origine, quels sont ses traits dominants? Quels principes la sous-tendent et quels moyens doit-elle appliquer? Y a-t-il des éléments dans la suggestopédie qui peuvent aider l'apprentissage? Enfin, où se situe la musique dans tout cela?

Ce sont les recherches sur le phénomène de la suggestion, en particulier à la fin du siècle dernier et au début du XXe siècle, qui ont finalement donné naissance à la science de la suggestologie, puis de la suggestopédie.

Selon J. Lerède, la suggestion est le mode fondamental de communication de l'être humain avec ses semblables, avec son environnement, et même avec lui-même dans l'autosuggestion.

Selon Lozanov, la suggestion a cinq caractères principaux : c'est un mode d'information direct; la suggestion déclenche des automatismes; elle est rapide; elle est précise; elle est économe du point de vue énergétique.

La suggestion engendre un certain type d'attitude qui libère et active les réserves de l'être humain.

Les recherches sur le phénomène de suggestion donnèrent naissance en 1964 à la science de la suggestologie. F. Saféris en donne la définition suivante :

La science de la suggestion, ou suggestologie […] étudie les influences de l'environnement sur l'homme, et cherche à établir les conditions nécessaires pour l'apparition des phénomènes suggestifs permettant de solliciter les potentiels humains[3].

Trois éléments reviennent constamment dans la suggestologie lozanovienne : l'inconscient, les réserves du cerveau et l'environnement.

---

3. F. Saféris, *Une révolution dans l'art d'apprendre*, p. 68.

Les diverses recherches et activités du Dr Lozanov et de son équipe menèrent à la fondation d'un centre de recherche indépendant en 1966, qui devint, en 1971, l'Institut de Suggestologie de Sofia. J. Lerède mentionne que plus de cent chercheurs scientifiques à temps plein furent graduellement de service dans cet Institut : médecins, psychiatres, neurologues, éducateurs, linguistes...

Lozanov a expliqué par une anecdote restée fameuse comment il avait été amené à fonder la science de la suggestologie. Il traitait un soudeur à l'arc qui se plaignait de ne pouvoir apprendre par cœur un poème qu'il devait réciter le soir même, dans un cours aux adultes. Lozanov lui fit des suggestions afin de stimuler particulièrement sa mémoire. Le soudeur revint le lendemain en disant qu'il avait récité le poème par cœur, alors qu'il ne l'avait entendu qu'une fois pendant la leçon.

D'autres expériences de développement de la mémoire dans des conditions pychologiques favorables, à l'état de veille, donnèrent de meilleurs résultats que sous hypnose.

On mit alors sur pied une équipe suggestopédique et on organisa une expérience pour enseigner 1 000 mots étrangers en une seule journée[4]. Les 15 étudiants, âgés de 22 à 60 ans, de différentes professions, obtinrent une mémorisation moyenne de 98,08 %. Notons que la première découverte et les premières expériences de Lozanov concernant la suggestopédie sont liées à l'apprentissage de la langue par des adultes : mémorisation d'un poème dans le premier cas et d'un vocabulaire de 1 000 mots dans le second. Lozanov continuera de s'intéresser plus particulièrement aux applications suggestopédiques dans le domaine des langues vivantes et réalisera

---

4. Ces données viennent de F. Saféris, dans *Une révolution dans l'art d'apprendre*, p. 69. J. Lerède précise que certaines expériences d'apprentissage ultra-rapide obtenues par Lozanov ne représentent pas une norme, mais plutôt des cas exceptionnels (voir *Suggérer pour apprendre*, p. 241).

un grand nombre de recherches avec les adultes[5].

D'après ce qui précède, on peut constater que la suggestopédie est le terrain d'expérimentation de la suggestologie. Lozanov explique ainsi l'étymologie du mot suggestopédie: «pédie» est relié à *péda*gogie, et donc en relation avec les éléments d'enseignement, d'apprentissage et d'éducation. Par conséquent, la suggestopédie est une façon d'instruire en tenant compte des principes de la suggestion.

F. Saféris, s'inspirant de Lozanov, définit ainsi la suggestopédie:

> Un système qui cherche à organiser les facteurs suggestifs inconscients dans le processus communicatif d'apprentissage pour créer une haute motivation et la mise en place de la disposition mentale qui permet de solliciter les réserves et cela dans la perspective d'une approche globale de l'élève[6].

«Facteurs suggestifs inconscients», «processus communicatif d'apprentissage», «motivation», «solliciter les réserves», «approche globale de l'élève», telles sont les idées maîtresses de cette définition.

Les traits dominants de la suggestopédie

Nous pouvons ainsi dégager les traits dominants de la suggestopédie: a) elle cherche à utiliser au maximum les forces de l'inconscient; b) la priorité est mise sur la communication; c) l'utilisation des forces de l'inconscient et l'insistance sur la communication sont de nature à provoquer une forte motivation; d) la suggestopédie sollicite les réserves du cerveau humain, celles que le cerveau n'utilise pas dans les situations plus ordinaires, plus courantes d'apprentissage; e) c'est une approche globale ou holistique de l'élève; cela signifie que le

---

5. Plus tard, il s'intéressera à l'enseignement au primaire, puis à l'enseignement des mathématiques.
6. F. Saféris, *Une révolution dans l'art d'apprendre*, p. 117-118.

suggestopède s'intéresse à l'ensemble de la personnalité de l'élève et à son émotivité aussi bien qu'à sa rationalité.

Notons en outre que la suggestopédie, produit de la formation et de l'expérience d'un psychothérapeute, comporte un aspect thérapeutique certain. Lozanov a emprunté certains moyens à la psychothérapie de groupe : jeux de rôles qui facilitent le changement d'identité au début du cours, sketches proposés aux étudiants ou inventés par eux. Les effets thérapeutiques bienfaisants des classes de suggestopédie sont d'ailleurs bien connus.

Les trois principes de la suggestopédie

Quant aux principes de base de la suggestopédie qui découlent également de cette définition, Lozanov en reconnaît trois :

— *le principe de plaisir et d'absence de tension*, qui suppose une joyeuse liberté dans le processus d'apprentissage;

— *le principe d'unité du conscient et de l'inconscient*, selon lequel on doit considérer la totalité de la personne et donner un sens à la totale participation de toutes ses fonctions logique, affective et artistique;

— *le principe d'interaction suggestive*, selon lequel une certaine qualité de l'attitude dans la relation entre le professeur et l'étudiant facilite l'apprentissage.

F. Saféris fait ici remarquer que l'opinion du psychothérapeute et pédagogue américain Rogers rejoint celle des suggestologues bulgares. Il faut établir, dans le cours de suggestopédie, une relation étudiant/formateur de confiance et de respect mutuels, ce qui suppose que le formateur peut instaurer et maintenir un contact humain positif.

Il est très important de noter que les trois principes énoncés plus haut doivent obligatoirement s'appliquer ensemble, faute de quoi il n'y a pas vraiment de suggestopédie.

Les trois moyens de la suggestopédie

Enfin, à ces trois principes de la suggestopédie correspondent trois moyens qui s'exercent, eux aussi, en étroite combinaison et de façon impérative : les moyens psychologiques, didactiques et artistiques.

Les moyens psychologiques supposent, entre autres, que le formateur a appris à utiliser le plus grand nombre possible de stimuli affectifs et les perceptions périphériques. On entend par perceptions périphériques celles qui sont reliées par exemple à la voix, au regard, aux mimiques, aux gestes, aux affiches sur les murs. Lerède parle d'un subliminal périphérique qu'il oppose au subliminal direct. Les perceptions subliminales sont celles qui sont inférieures au seuil de la conscience.

Les moyens didactiques. Parmi ceux-ci, mentionnons la présentation d'un grand volume de matériel. Ce volume inhabituel suggère à l'étudiant qu'il peut dépasser les prétendues limites de la mémoire humaine.

Les moyens artistiques font essentiellement partie des leçons. Parmi les moyens artistiques, la musique occupe une place privilégiée. Les concerts, pendant lesquels le professeur lit un dialogue à haute voix, en se faisant accompagner d'une musique baroque ou romantique, deviennent l'élément principal de la présentation des dialogues.

Lozanov a choisi un certain nombre de pièces après avoir étudié en laboratoire leur effet physiologique sur les étudiants.

Le concert actif utilise une musique dite « classique » ou « romantique » en raison de son influence émotive profonde. Le concert passif utilise plutôt une musique dite « baroque » ou d'époque pré-classique. Cette musique suggère le calme et la sérénité.

La musique dans une leçon de suggestopédie stimulerait l'apprentissage

Voilà pour la nature de la suggestopédie, son origine, ses caractéristiques et ses principes de base. Maintenant, y a-t-il des éléments dans la suggestopédie qui peuvent aider l'apprentissage ? La réponse est affirmative.

La relation étudiant / étudiant en suggestopédie
La suggestopédie mettant l'accent sur la communication plutôt que sur le contenu notionnel, comme le font les méthodes plus traditionnelles, permet de développer la spontanéité. De plus, les étudiants doivent changer d'identité dès le premier cours. Ce changement d'identité des étudiants fait tomber les barrières entre eux. Par exemple, un ouvrier se retrouve président de compagnie, ou bien un directeur de service se retrouve vedette de cinéma. Les échanges, les dialogues deviennent plus faciles, et par le fait même, l'apprentissage est simplifié.

La relation étudiant / formateur en suggestopédie
Pour que le suggestopède puisse être efficace, il est très important, selon Lozanov, qu'il fasse preuve d'autorité liée à son prestige. Lozanov associe également cette autorité à la confiance que lui accordent les étudiants. L'autorité ne peut en effet s'exercer que dans un climat de confiance mutuelle. Selon la suggestopédie, l'autorité liée au prestige et à la confiance peuvent donc aider l'apprentissage.

L'approche «holistique» ou l'utilisation de la personnalité entière de l'étudiant
La suggestopédie s'intéresse à la personnalité complète de l'étudiant, à son conscient et à son inconscient, aux deux hémisphères de son cerveau, à son intuition, à ses émotions et à sa créativité, aussi bien qu'à son côté rationnel et logique. Cela permet à celui qui fait la suggestion d'activer les réserves de celui qui la reçoit. Ces points constituent des éléments qui favorisent l'apprentissage.

L'environnement
Il est significatif que Lozanov, dans sa thèse sur la suggestopédie, consacre le chapitre III en entier à l'homme

et à son environnement. Il cite divers aspects de cet environnement, par exemple: la société dans laquelle nous vivons, l'environnement purement physique (champs électro-magnétiques), l'environnement psycho-physiologique (champs bio-énergiques qui émanent de chaque être humain), le cadre matériel dans lequel se déroule notre vie personnelle et enfin l'ambiance psychologique. Ces différents aspects de l'environnement ont une influence sur l'apprentissage.

La primauté de l'inconscient

Nous touchons ici le fondement même de la suggestopédie. Pour le chercheur bulgare, il y a deux faces à l'inconscient: la face extérieure, en relation avec l'environnement, et la face intérieure, qui relève d'autres mécanismes. Selon Lozanov, l'utilisation de l'inconscient permet d'améliorer l'apprentissage.

Le cadre

D'autres facteurs, que mentionne Lozanov, peuvent avoir une influence sur l'apprentissage. Il s'agit par exemple de la salle de classe qui doit être claire, bien aérée, spacieuse, propre, munie de tapis, décorée d'affiches agréables et de plantes.

La lumière et les couleurs sont très importantes en raison de leur rôle dans les beaux-arts. Dans le mobilier, les fauteuils de détente, très confortables, constituent la pièce maîtresse du matériel suggestopédique. Enfin, il est interdit de fumer dans la salle de cours, l'ambiance suggestive exigeant un air non pollué.

Les arts et la musique

Lozanov recommande d'utiliser les arts en général. Ils constituent la forme la plus haute de suggestion. L'art permet d'activer les réserves. En utilisant le dessin, le mime, les jeux de rôle, on peut développer la créativité.

La musique est un art qui permet aussi de faciliter l'apprentissage en suggestopédie. Il ne s'agit pas seulement d'écouter les concerts actifs et passifs, comme nous l'avons mentionné plus haut, ou d'autres pièces en musique de fond, mais de chanter à l'occasion. Dans les cours de suggestopédie donnés à la gare Windsor, il n'était pas rare d'entendre un groupe chanter en chœur un air populaire ou folklorique. Il s'en dégageait une chaleur, une vie, une détente qui pouvaient faciliter l'apprentissage.

Dans un cours type, le concert actif et le concert passif occupent une place très importante. La musique y joue, bien sûr, un rôle déterminant: le professeur lit à haute voix un dialogue, sur un fond musical. Nous analyserons plus loin le mécanisme de cette présentation.

Selon la suggestopédie, il ne fait aucun doute que la musique est un moyen puissant pour stimuler l'apprentissage. La musique permet aussi de stimuler ou de détendre les étudiants (système musculaire, nerveux, etc.), de stimuler ou de détendre leur cerveau. Le professeur valorise la musique et l'utilise systématiquement. La musique dynamique comme celle du concert actif pourra favoriser des relations dynamiques entre le professeur et l'étudiant; la musique sereine, comme celle du concert passif, pourra favoriser des relations sereines et harmonieuses.

Il paraît donc évident, d'après la suggestopédie, que la musique peut avoir une influence sur l'apprentissage. En fait, Lozanov n'a fait que pousser plus loin, dans le domaine pédagogique, une idée qui circulait depuis des millénaires. Toutes les grandes religions, par exemple, ont su exploiter l'étonnante puissance de suggestion de la voix humaine jumelée à la musique.

Un peu d'histoire

La musique dans la Bible... et ailleurs
D'après la Bible, il semble qu'en Israël la musique occupait une place centrale dans nombre d'occasions. On se servait de la musique, entre autres, pour influencer l'es-

prit et le comportement des individus ou des groupes, et pour sa valeur thérapeutique. Tout événement, naissance, mort, mariage, couronnement des rois et surtout liturgies sacrées, s'accompagnait de musique, car elle agit sur le psychisme des hommes comme sur les puissances surnaturelles. On se servait aussi de la musique pour influencer le comportement des gens. Dans les combats, les trompettes commandent les mouvements des troupes et exaltent le courage. Enfin la musique servait à libérer les pouvoirs mystiques de l'âme et elle avait une valeur thérapeutique et libératrice. Saül, par exemple, fait venir David auprès de lui pour qu'il le guérisse de sa dépression nerveuse grâce au pouvoir de sa harpe.

P. l'Échevin rapporte que Constantin, frère du tsar, était colérique. Seul le piano le calmait. Quand il résidait à Varsovie, il demandait qu'on aille chercher le jeune Chopin, alors âgé de dix ans, et il l'écoutait pendant des heures[7].

La musique dans l'Antiquité: Inde, Égypte, Grèce, Rome
Dans l'Inde ancienne, d'après Cyril Scott, le quart de ton fut introduit pour aider le peuple à évoluer vers une plus grande subtilité sur le plan mental. On sait que notre musique occidentale, plus simple dans sa structure, est fondée sur une échelle sonore chromatique[8].

Quant à la musique de l'Égypte ancienne, c'est le tiers de ton qui la caractérisa. Selon C. Scott, cette différence eut comme effet de faire appel aux émotions plus qu'au mental.

Les Grecs adoptèrent le demi-ton, base de la musique occidentale actuelle. Le demi-ton allait éveiller particulièrement le plan physique et matériel chez les humains. Platon croyait très fortement à l'effet de la musique sur le comportement des humains. Il va jusqu'à affirmer dans *La République* qu'on ne saurait changer le

---

7. P. l'Échevin, *Musique et médecine*, p. 135.
8. L'échelle chromatique est graduée en demi-tons.

style de musique sans affecter les institutions politiques les plus importantes. Aristote dit que la musique a le pouvoir de former le caractère. Tel genre de musique détermine la mélancolie, tel autre le contrôle de soi, tel autre l'enthousiasme. À Rome, Cicéron poursuit dans le même sens. Il soutient, dans *De Legibus*, que «les hommes changent leurs cœurs en même temps que leurs oreilles et [qu']on ne saurait modifier les lois musicales sans que les lois de la cité n'en soient aussi transformées[9]».

D'après Scott, de grands compositeurs comme Haendel et Beethoven ont exercé une influence marquée sur le caractère et la morale de leur temps, même si, à première vue, cette affirmation étonne. Il affirme encore que chaque type de musique a eu une influence importante sur l'histoire, la morale et la culture. Il va même plus loin en formulant cet axiome: «Ainsi dans la vie, de même dans la musique[10].» Georges Duhamel, célèbre médecin, écrivain et musicologue, a formulé une pensée un peu semblable quand il a écrit: «Dis-moi ce que tu écoutes, je te dirai qui tu es[11].»

L'opinion de quelques auteurs contemporains

Plus près de nous, deux auteurs québécois ont décrit l'influence de la musique sur le comportement humain.

J.P. Régimbald traite des effets souvent néfastes du rock'n roll sur l'organisme et l'équilibre mental et spirituel des humains. Il traite également des messages subliminaux dissimulés dans certains disques et des effets négatifs de ces messages.

R. Foisy, thérapeute, explique les bienfaits et les méfaits de divers genres de musique, sur les plans physique, mental, émotionnel et spirituel.

En outre, des auteurs influents comme Edgar Cayce et O.M. Aïvanhov ont insisté sur la profonde influence de la

---

9. A. Baudot, *Musiciens romains de l'Antiquité*, p. 118.
10. C. Scott, *La Musique, son influence secrète à travers les âges*, p. 41.
11. G. Duhamel, *La Musique consolatrice*, p. 123.

musique dans le comportement et l'équilibre mental et
spirituel Nyssens, philosophe, reconnaît que la musique a
une influence sur le comportement et la santé de l'être
humain. De même, Halpern et Savary — le premier est
compositeur et le second mathématicien et théologien —
analysent dans un livre récent l'influence des sons et de la
musique sur le corps, l'intellect et la vie spirituelle.

La musicothérapie

La musique a donc une influence sur l'apprentissage et
sur le comportement, comme nous permettent de l'affirmer l'étude de la suggestopédie et l'histoire de la musique. Or, la musicothérapie est une autre science qui
nous fournit des observations intéressantes sur l'influence
de la musique. La musicothérapie, nouvelle branche de la
médecine, traite les malades en leur faisant écouter de la
musique ou en leur proposant d'en faire.

Lozanov connaissait la musicothérapie quand il a mis
au point la suggestopédie. Comme on l'a vu plus haut, la
suggestopédie comporte des aspects thérapeutiques et
elle utilise la musique comme l'un de ses moyens importants.

D'après la musicothérapie, la musique a une influence sur le comportement des malades, sur leur guérison et même sur leur apprentissage. Dans une recherche sur les maladies du comportement, Robert F.
Unkefer donne les résultats d'une expérience de Darbes
et Shrift avec des patients psychiatriques hospitalisés.
Les auteurs concluent que la musique améliore la
perception que le patient a de lui-même, stabilise le
comportement du groupe et sécurise le patient de façon
à lui donner de meilleures chances de quitter l'hôpital.

Certaines musiques peuvent réussir à améliorer le
comportement et même à guérir des maladies mentales.
La musique peut donc avoir une influence sur l'apprentissage, car les malades doivent apprendre des comportements et des habiletés non développées ou atrophiées.

Prélude II

Une petite fille
qui rêvait de jouer du violon
(suite)

Je vous ai laissé, au prélude I, à l'école d'Évelyne où elle venait d'interpréter deux pièces de Noël. À cette même occasion, son camarade Philippe, qui apprenait le violon depuis plus longtemps qu'elle, interpréta une pièce classique d'une façon remarquable. Le hasard voulut que ce jour-là, je rencontre son père et que nous causions musique, violon et professeurs. Je lui mentionnai que nous étions à la recherche d'un nouveau professeur pour Évelyne. Il me parla de Ghyslain Bard, excellent pédagogue à son avis, et qui avait su nouer des liens d'amitié avec son fils. J'en glissai un mot à Martine. Je m'occupai de joindre Ghyslain. Bientôt nous avions un nouveau professeur.

Dès le premier jour, il prit le taureau par les cornes. Après une brève conversation, il essaya nos violons, décida que celui d'Évelyne était trop petit, prit le sien et se mit à jouer avec passion. Les quelques mélodies qu'il interpréta nous persuadèrent qu'en dépit de son jeune âge, les fleurons ne manquaient pas à sa couronne. Aux âmes bien nées, la valeur n'attend pas... Nous étions éblouis: jamais la maison n'avait accueilli un tel musicien, un tel magicien. L'archet s'était transformé en baguette magique, le violon cachait une âme qui remplissait maintenant la maison. Les plantes en frémissaient, le vénérable piano droit octogénaire, habitué à mon pianotage plutôt prosaïque, en vibrait de tout son être, sans même qu'on l'eut effleuré, et semblait se redresser fièrement. On eut dit même... que les bibelots du salon voulaient valser!.. Ghyslain avait à peine ouvert la bouche, mais il avait touché nos cordes sensibles, il avait touché nos cœurs: nous étions conquis.

Cependant, il posait une condition. Nous le voulions, mais lui, voulait-il de nous? Serions-nous capables de le suivre, saurions-nous être assez exigeants? À Évelyne qui semblait un peu hésiter devant la perspective du travail à accomplir — car elle savait bien que ce serait un nouveau départ, une adaptation, une nouvelle méthode — Ghyslain avait fait cette petite remarque significative: «Il n'y a pas de navets dans ma salade.» Nous venions de comprendre que nous allions devoir travailler parfois d'arrache-pied (pour ne pas dire d'arrache-cou!...).

Et les leçons commencèrent pour de bon, une heure par semaine. Cette fois, Évelyne et moi, nous avions la même leçon. Je passais de dix minutes à soixante, sans transition ou presque. Si je voulais surnager, j'allais devoir travailler comme un forcené pour rattraper ma fillette tant bien que mal. Ma motivation, plus grande encore que celle d'Évelyne, mon habitude de la discipline et mes quelques connaissances musicales allaient peut-être pouvoir me sauver. De toute façon, je ne perdais rien à essayer. Vous vous doutez bien que ce fut par moments un peu laborieux pour l'une des trois personnes concernées, sinon pour les trois à la fois, ou même pour Martine et Carl-Philippe qui trouvaient les leçons magnifiques, mais qui devaient supporter les affres de certains exercices. Le violon est en effet l'un de ces instruments avec lequel on doit «fabriquer» chaque note. Tel n'est pas le cas du piano. Si votre piano est juste, vous appuyez sur le *do* naturel et vous obtenez le *do* naturel. Et normalement vous faites accorder votre piano quelques fois par année tout au plus.

Disons qu'en principe, vous accordez votre violon chaque fois que vous jouez et même plusieurs fois dans la même séance. Pour accorder un violon, il faut pouvoir percevoir les demi-tons et, de préférence, les quarts de ton. Cela peut prendre des années… Et maintenant, disons que votre violon est accordé. Vous appuyez à tel endroit de telle corde pour obtenir un *do* naturel et vous pouvez bien obtenir un *do* dièse, ou un *si*… Combinez le tout à une position plus ou moins convenable du violon et une tenue d'archet un peu rigide et vous obtiendrez quelque chose qui s'apparente plus à la caricature qu'à toute autre chose. Autrement dit, pour apprendre le violon avec un certain plaisir, vous devez réunir quelques conditions. C'est un peu par miracle que j'ai persisté. Sans la patience, la pédagogie et la compréhension ineffables de Ghyslain, et sans la compréhension de mes proches, j'aurais décroché au bout de trois semaines.

* * *

Mais vous devez bien vous demander pourquoi tant d'entêtement, quand on peut tuer le temps à des choses si faciles : regarder la télé ou lire le journal comme tout le monde, par exemple. Je pourrais vous répondre simplement que je n'aime pas faire des choses si faciles, qu'il me faut des défis. En réalité, ce n'est pas si simple, c'est plus complexe, c'est tout un contexte. J'avais besoin (et j'ai encore besoin) par exemple de voir jusqu'où je pouvais aller.

Ce que je peux vous dire pour le moment, c'est que nous avons maintenant étudié un an et demi avec Ghyslain. À ma connaissance, nous sommes tous trois satisfaits, bien que nous n'ayons établi aucun record. Sur certains points, j'ai rattrapé Évelyne qui maintient une avance déprimante du côté mémoire.

Que de travail, néanmoins, pour obtenir ce modeste résultat. Justement, je suis plus fier de mon travail soutenu que du résultat obtenu, bien que j'aie aussi obtenu des résultats. J'arrive quand même à jouer une vingtaine de pièces à la lecture et quelques-unes par cœur. Je joue, bien sûr, en duo avec Évelyne, en trio quand Ghyslain nous accompagne et en quatuor quand Carl-Philippe se joint à nous au piano pour interpréter le *Menuet Nº 3 en sol majeur*, de J.S. Bach. Le résultat qu'on obtient, pour peu qu'on le compare aux performances des virtuoses ou des professionnels, risque de nous décevoir. L'objectif de la virtuosité est hors de portée pour nous, du moins pour moi. Précisément, ce n'est pas notre objectif d'épater la galerie et cela est établi entre nous. Faire de la musique nous rapproche, nous harmonise, nous permet de mieux communiquer, de nous mettre sur la même longueur d'ondes, de mieux nous aimer. Et par la suite, nous pouvons appliquer dans d'autres domaines certaines qualités ainsi acquises. Figurez-vous que nous jouons aussi pour le simple plaisir. Nous ne cherchons pas à faire d'Évelyne un petit singe savant. Elle a nombre d'autres activités. Si un jour elle décide d'elle-même de devenir virtuose, entêtée comme elle est, je ne doute pas qu'elle y parvienne.

Soit dit en passant, vous seriez surpris de voir combien de personnes à Montréal et dans d'autres villes partagent mon violon d'Ingres. J'ai entendu parler, par exemple, d'un président d'institution financière très bien cotée, d'un directeur de musée prestigieux, de directeurs d'hôpitaux... Comme quoi l'amour de la musique est un peu contagieux.

* * *

Je pourrais ajouter bien des choses encore. Par exemple, que nous adorons écouter la radio ou de préférence des cassettes de notre choix, quand nous parcourons en auto d'assez longues distances. Parfois même nous voudrions ne pas être arrivés si tôt à destination pour pouvoir encore savourer les délices d'un concerto, d'une valse, d'un air d'opéra ou de l'une de nos chansons populaires préférées.

Je vous donne un dernier exemple familial, mais

d'un autre genre. Mon fils Carl-Philippe avait appris le piano trois ans, sans grande conviction. Il avait arrêté depuis quelques années. Tout à coup (avait-il subi le charme de Ghyslain, de sa musique ou de son érudition?), il s'est mis dans la tête que le piano pourrait de nouveau l'intéresser. Et voilà! Nous avions à peine recommencé le violon avec Ghyslain, que nous étions à la recherche d'un professeur de piano pour Carl-Philippe... et pourquoi pas pour moi aussi?... un coup parti, poussons la passion ou la folie jusqu'au bout. Mais je vais devoir vous raconter cette nouvelle histoire dans le prélude III du chapitre suivant. Je l'intitulerai: «Attention, la musique est contagieuse». Pour le moment, revenons à notre recherche.

Chapitre II

Comment se présente
notre recherche

Quand, la guerre ayant pris fin, je pus retrouver ma vie, la grande ville où je suis né, ses artistes et ses concerts, je compris tout de suite que la musique avait, pour moi, changé de sens et même de substance. J'aimais toujours, avec la même passion, d'entendre jouer ma musique — celle que je chéris, celle que j'ai choisie, faut-il dire celle que j'épouse ? — mais, dans mes relations avec la musique, il y avait un élément nouveau : je jouais moi-même de la musique. Je ne jouais certes pas bien ! Si je ne pouvais m'offrir le plaisir de faire quelque plaisir aux autres, je pouvais, dès lors, me donner beaucoup de plaisir à moi-même. Je pouvais m'instruire tout seul, pénétrer tout seul dans le domaine enchanté. J'avais la clef.

Georges Duhamel, *La Musique consolatrice*

D'après les écrits étudiés précédemment, en particulier en suggestopédie, en histoire de la musique et en musicothérapie, la musique aurait une influence sur l'apprentissage, le comportement et la santé. Cependant, si plusieurs auteurs ont parlé de l'influence de la musique, il semble que cette influence n'ait pas été déterminée de façon systématique et synthétique. Aussi ai-je fait de cette question mon problème de recherche.

Quelle est l'influence de la musique sur l'apprentissage, le comportement et la santé ?

* * *

Définition des concepts retenus
Pour plus de clarté, de précision et de rigueur, il est important de définir cinq termes ou concepts utilisés dans la formulation de ce problème de recherche.

Influence
Le sens donné au mot influence provient du *Grand Robert*: «Action, le plus souvent graduelle et continue, qu'exerce une personne ou une chose sur une autre[1].» Nous retenons cette définition en raison de sa clarté, de sa simplicité et de sa précision.

---

1. P. Robert, *Dictionnaire alphabétique et analogique de la langue française*, 9 vol., 1986.

Musique

Le sens donné au mot musique provient de deux auteurs que j'ai choisis parmi plusieurs autres[2]. Il s'agit de Roland de Candé et d'Antoine d'Ormesson, tous deux reconnus pour leurs connaissances profondes et universelles dans ce domaine.

Pour R. de Candé, la musique est un système sonore de communication non référentiel, présentant les caractéristiques suivantes :

— c'est une structure sonore dont le sens lui est immanent ou, du moins, dont l'essence n'est pas dans une éventuelle signification (ce n'est pas un langage);

— c'est le fruit d'une activité projective plus ou moins consciente, c'est un « artefact » (il n'y a pas de musique « naturelle », ni purement aléatoire);

— c'est une organisation communicable fondée sur un ensemble de conventions qui permettent une interprétation commune du « sens » de l'organisation[3].

L'analyse des trois caractéristiques énumérées fait ressortir les points suivants :

— la musique est une structure sonore;

— la musique est le fruit d'une activité projective (*Le Petit Robert* définit ainsi le mot projectif : « Qui projette des états intérieurs »); la musique est un « artefact » (selon *Le Petit Robert* : « Phénomène d'origine humaine, artificielle »); il n'y a pas de musique naturelle;

— c'est une organisation fondée sur un ensemble de conventions.

Nous retenons cette définition en raison de sa formulation bien structurée, suffisamment claire, et en

---

2. J'ai choisi des auteurs qui définissent le concept de musique de façon assez classique, parce que ma recherche se fonde en bonne partie sur l'usage de la musique en suggestopédie. La musicothérapie, depuis le Ve Congrès mondial de musicothérapie en 1985, étend la notion de musique à la notion du sonore (voir *La Revue de musicothérapie*, vol. VI, n° 1, 1986, p. 1).

3. R. de Candé, *Nouveau Dictionnaire de la musique*, p. 363.

raison des explications qu'elle renferme, qui seront utiles à notre recherche. Cette définition descriptive aidera à faire ressortir certaines idées semblables ou complémentaires contenues dans les définitions de d'Ormesson.

En effet, A. d'Ormesson définit la musique de façon assez semblable. Cependant, il approfondit le concept en cherchant les fondements cosmiques ou universels de la musique. La définition générale qu'il donne de la musique, au début de son livre, est la suivante: «La musique est une suite de combinaisons sonores, dont la durée, l'ordre et la motivation ne sont pas la cause du hasard mais celle d'une volonté[4].»

Pour lui, la musique est aussi un moyen de penser et de ressentir avec des sons. Selon l'époque, le compositeur ou la forme, la musique peut même devenir jeu de l'esprit (Mozart et ses prédécesseurs), émotion (Chopin), sensation (Wagner ou Ravel), description (Beethoven), système (Schönberg), résultat scientifique (Stockhausen).

Plus loin, dans une partie de son livre qui traite de l'aspect physique de la musique, A. d'Ormesson donne une définition de la musique basée sur les fondements de l'univers tels qu'Albert Einstein les concevait:

La musique est la résultante d'un phénomène sonore dans l'espace et le temps. Si les fondements de l'Univers, c'est-à-dire: l'espace, le temps, la matière et l'énergie font de celui-ci un continuum espace-temps à quatre dimensions selon Albert Einstein, il en est de même de la musique qui est aussi un continuum espace-temps à quatre dimensions[5].

Selon d'Ormesson, pour identifier un son, il faut le percevoir dans son espace — à savoir sa hauteur, son grave ou aigu — et son temps — à savoir sa durée, brève

---

4. A. d'Ormesson, *La Petite Encyclopédie de la musique*, p. 13.
5. *Ibid.*, p. 190.

ou longue. D'après lui, sans ce système de référence, il est impossible de comprendre la nature de la musique. À partir de cette explication, il établit le schéma suivant (p. 190) :

Continuum universel à quatre dimensions		Continuum sonore à quatre dimensions
Espace	=	Hauteur (son grave ou aigu)
Temps	=	Durée (brève ou longue)
Énergie	=	Intensité (douce ou forte)
Matière	=	Timbre (voix ou instrument ou bruit)

Si nous comparons maintenant les définitions que nous donnent de Candé et d'Ormesson, nous remarquons des points communs.

De Candé affirme que la musique est une structure sonore, et d'Ormesson affirme que la musique est une suite de combinaisons sonores.

De Candé soutient que la musique projette des états intérieurs, et d'Ormesson qu'elle permet de penser et de ressentir avec des sons.

De Candé affirme que la musique est un artefact et qu'elle est fondée sur un ensemble de conventions, et d'Ormesson soutient que la musique n'est pas causée par le hasard.

Mais là s'arrêtent les points communs. D'Ormesson semble être allé plus loin que de Candé dans son analyse.

D'Ormesson offre des définitions et des explications à retenir ici pour les quatre raisons suivantes. Ces définitions sont universelles. Elles permettent de confirmer trois idées renfermées dans la définition que donne de Candé. Elles permettront surtout de mettre en relief des éléments essentiels qui la distinguent de la définition donnée par de Candé. Enfin, grâce à ces éléments, nous pourrons former une partie du cadre conceptuel.

Apprentissage

Le sens donné au mot apprentissage est basé sur les définitions trouvées dans deux ouvrages. Pour Norbert Sillamy, l'apprentissage est l'«acquisition d'un nouveau comportement, à la suite d'un entraînement particulier[6]». Pour Robert J. Trotter et James V. McConnell, l'apprentissage est l'«acquisition d'une nouvelle réponse, émotion, perception ou compréhension logique ou intuitive[7]».

La définition de N. Sillamy est behavioriste. Nous la retenons parce que, selon cette dernière, il semble y avoir un lien étroit entre l'apprentissage et le comportement.

La définition de Trotter et McConnell est plus large et plus extensive. Nous la retenons parce qu'elle permettra de préciser le genre d'apprentissage effectué.

Comportement

Le sens donné au mot comportement est basé sur les définitions trouvées dans deux dictionnaires. Dans son *Dictionnaire de la psychologie*, N. Sillamy définit ainsi le comportement: «Réactions d'un individu dans un milieu et dans une unité de temps donnés[8].» Par ailleurs, dans *Le Petit Robert* on trouve la définition suivante à ce même mot: «Ensemble des réactions objectivement observables[9].»

Je retiens ces définitions pour les raisons suivantes. Le terme «réactions» est le point commun des deux définitions. Pour Sillamy, ces réactions se produisent dans un milieu et dans une unité de temps donnés, alors que *Le Petit Robert* parle de réactions observables. Voilà donc deux définitions qui se complètent et permettent de mieux cerner le concept de comportement.

---

6. N. Sillamy, *Dictionnaire de la psychologie*, p. 32.
7. R.J. Trotter et J.V. McConnell, *Psychologie science de l'homme*, p. 186.
8. *Ibid.*, p. 71.
9. *Ibid.*, p. 351.

Santé

Dans leur *Dictionnaire de la médecine,* Domart et Bourneuf définissent ainsi ce terme: «État de fonctionnement normal de l'organisme en dehors de maladies[10].» Plus loin, ils distinguent la santé physique, mentale et publique. Ils précisent alors que la «normalité» est reliée à de nombreux facteurs, plus faciles à déterminer dans le cas de la santé physique que dans celui de la santé mentale.

Le Grand Dictionnaire encyclopédique Larousse distingue quatre sens au mot santé. Dans le premier, il mentionne «l'état de quelqu'un dont l'organisme fonctionne normalement». Dans le deuxième, il s'agit de «l'état de l'organisme, bon ou mauvais». Dans le troisième, il s'agit du fonctionnement satisfaisant, du bon équilibre des fonctions psychiques. Enfin le dernier sens de ce mot concerne «l'état sanitaire des membres d'une collectivité... [11]»

L'idée du fonctionnement normal de l'organisme revient donc dans les deux dictionnaires. L'idée aussi de la santé psychique ou mentale et de la santé collective revient dans les deux sources.

Afin de simplifier, nous ne retiendrons de ces définitions que l'idée du fonctionnement normal de l'organisme et l'idée que la santé peut être physique ou psychique.

---

10. *Ibid.,* p. 583.
11. *Grand Dictionnaire encyclopédique Larousse,* vol. 9, 1985, p. 9 317.

Prélude III

Attention:
la musique est contagieuse !

À la fin du prélude II, je vous disais que Carl-Philippe s'était tout à coup senti de nouveau porté vers le piano. Il avait étudié pendant trois ans, depuis l'âge de sept ans, avec une charmante professeure qui l'adorait. Lui l'adorait peut-être, mais le problème c'est qu'il n'adorait pas le piano. Vers la fin de la troisième année, son intérêt était réduit à sa plus simple expression. Nous avons alors décidé de le laisser libre, quitte à en rediscuter s'il venait à changer d'idée. Le hockey semblait alors remplir sa vie. Il en vivait, il en rêvait et il allait de succès en succès.

Les années passèrent et voilà que le nouveau professeur de violon venait chez nous. Carl-Philippe avait alors quatorze ans. Il s'assoyait dans l'escalier, l'oreille tendue, l'air intrigué, fasciné peut-être par la science du professeur. Au bout de quelques semaines, oh surprise! il exprima l'idée de reprendre les études de piano pour six mois. Voilà comment la musique peut devenir contagieuse. Il ne restait qu'à trouver un professeur. Ghyslain enseigne dans une école à vocation musicale, à des groupes d'enfants qui reçoivent, en plus de leur formation académique, une formation musicale occupant la moitié de leur temps. Il est responsable de l'enseignement du violon et sa collègue, Nicole De Christofaro, est responsable du piano. Vous devinez que le nom de Nicole apparut le premier sur la liste des candidates suggérées. Sitôt dit, sitôt fait: Nicole devint notre deuxième professeur, à tous les deux.

Le samedi, nous allons chez ses parents où un studio renfermant un superbe piano à queue et un antique piano droit nous attendent pour la leçon. Nicole a accepté de me consacrer peut-être le tiers du temps, parfois un peu plus. Elle aussi, c'est une véritable magicienne. Et quelle bonne humeur, quel enthousiasme contagieux, quel dévouement! Pour elle aussi, la musique est toute sa vie. Elle pénètre tout son être et laisse sa marque mystérieuse dans chacun de ses gestes.

Depuis un an et demi, Carl-Philippe a appris plusieurs petites pièces classiques, populaires et même du jazz. Il a de plus consenti à jouer une fois avec d'autres élèves, dans un concert de fin d'année. Quant à moi, j'ai repris quelques œuvres que j'avais déjà travaillées et j'en apprends de nouvelles. Je constate que les méthodes ont tellement changé depuis le temps... Prenez par exemple le fait de devoir nommer par cœur toutes les notes pour interpréter une pièce, c'est excellent pour la mémoire et ça rend capable d'une interprétation de meilleure qualité.

* * *

Pour finir en beauté ce court et léger prélude avant de vous jeter de nouveau dans la gueule du loup (je parle de ma recherche...), je vais vous faire une confidence. J'ai avoué dernièrement à mes enfants qui, parfois, comme il est normal, rouspètent un peu devant la difficulté des exercices, que sans eux je ne serais probablement jamais revenu à l'étude de la musique. J'en avais presque les larmes aux yeux. Ils m'ont regardé comme si je leur demandais de me passer le pain... Imaginez pourtant quel cadeau ils m'ont inconsciemment donné! Le comprendront-ils un jour?

* * *

Dans le prochain prélude, nous nous demanderons si notre société accorde assez d'importance à la formation musicale.

Et maintenant, assez bavardé. Parlons de cadre conceptuel. Ça vous intrigue, n'est-ce pas ?

Chapitre III

Un cadre conceptuel et une méthode pour faciliter la recherche

Dans la poésie, dit Gœthe, il y a par essence quelque chose de démonique, surtout dans la poésie inconsciente, qui échappe à la raison et à l'intelligence, et qui, par là dépasse tout entendement. Il en est de même dans la musique à un degré éminent; car la musique s'élève à de telles hauteurs qu'aucune intelligence ne peut les atteindre, et il émane d'elle une puissance qui domine tout et dont personne n'est à même de se rendre compte. Aussi le culte religieux ne peut-il s'en passer: elle est un des principaux moyens pour susciter chez l'homme l'émerveillement.

Conversations de Gœthe avec Eckermann

Pourquoi un cadre conceptuel ?

Le problème de recherche est formulé à partir d'un postulat qui se dégage de la question formulée au début du chapitre II, à savoir que la musique a une influence sur l'apprentissage, le comportement et la santé. Il faut donc préciser ou définir cette influence. Or nulle part, dans les écrits consultés jusqu'à maintenant, nous ne trouvons une définition précise et synthétique de cette influence, un rapprochement systématique entre les divers éléments de la musique, d'une part, et l'apprentissage, le comportement et la santé, d'autre part. Aussi, afin de chercher des réponses systématiques au problème de recherche, ai-je élaboré un cadre conceptuel à partir des éléments qui ont déjà été présentés dans le premier chapitre. Ce cadre conceptuel permettra de poser des questions précises aux auteurs consultés.

Dans les définitions générales de la musique que nous proposent de Candé et d'Ormesson, j'ai fait ressortir trois points communs bien établis. Mais j'ai déjà noté que d'Ormesson semble avoir poussé plus loin son analyse. En se basant sur la conception einsteinienne de l'univers (espace, temps, matière, énergie), il trouve une assise reconnue sur laquelle il peut établir les fondements de la musique: le continuum universel à quatre dimensions et le continuum sonore à quatre dimensions.

Le continuum sonore comprend des dimensions primordiales ou simples auxquelles peuvent être reliées des dimensions secondaires ou complexes, d'après l'organisation ou l'agencement des éléments simples.

Le schéma des dimensions simples et complexes se présente de la façon suivante:

LES DIMENSIONS DE LA MUSIQUE

a) **simples** (structure interne ou fondements de la musique)

— hauteur (son grave ou aigu)

— durée (note brève ou longue) ⎡ rythme
                                      ⎣ mélodie

— intensité (douce ou forte)

— timbre (voix ou instrument) ⎡ musique vocale
                                  ⎣ musique instrumentale

b) **complexes** (organisation ou fonctionnement ou agencement des éléments simples)

— styles de musique (baroque, romantique, folklorique...) et formes de musique (fugue, sonate, concerto, symphonie...)

— ambiance générale qui se dégage de l'audition d'une musique donnée (amour, gaieté, calme, tristesse...)

Les concepts de style et de forme sont inspirés de Marc Honegger.

Le concept d'ambiance vient de la musicothérapie.

Parler de l'influence de la musique, c'est en quelque sorte parler de l'influence des dimensions de la musique. Il importe donc de consulter les auteurs pour voir s'ils ont parlé de l'influence des dimensions de la musique.

Les caractères ou les propriétés de l'influence de la musique

Et s'ils ont parlé de l'influence des dimensions, quels caractères ou quelles propriétés lui attribuent-ils? *Le Petit Robert* définit ainsi le mot caractère: «Trait propre à une personne, à une chose, et qui permet de la distinguer d'une autre.» Il donne plusieurs synonymes du mot caractère, entre autres: caractéristique, particularité, propriété, qualité.

Le caractère peut donc être une particularité, une propriété, une qualité de l'influence. L'influence pourra être apaisante, excitante, enthousiasmante..., par exemple, selon Lozanov, la musique romantique est généralement stimulante.

Les effets physiologiques, cérébraux et proprement cognitifs. Les effets sur la santé physique et mentale
Nous pouvons également nous demander sur quelles fonctions physiologiques ou psychologiques ces dimensions ont une influence.

Du côté de la suggestopédie, Lozanov, Lerède et Saféris reconnaissent que la musique peut avoir des effets physiologiques et psychologiques. Commentant la thèse de Lozanov, Saféris parle des effets mesurés sur les étudiants par des électrodes placées sur le cœur, la nuque ou le poignet. Lozanov et son équipe peuvent ainsi mesurer les effets physiologiques sur les muscles, la transpiration, le pouls, les vaisseaux sanguins, et les effets sur le cerveau.

Du côté de la musicothérapie, l'Échevin parle des effets physiologiques mesurables, des effets sur le système nerveux central, des effets psychologiques ou subjectifs de la musique (sentiments provoqués). J. et M.A. Guilhot et autres signalent le peu d'études existant sur le pouvoir physiologique de la musique (rythmes cardiaques et respiratoires, système musculaire, digestion) et ils parlent aussi des effets psychophysiologiques. Plus récemment, Bence et Méreaux parlent aussi des effets physiologiques et psychologiques.

En résumé, à l'aide des études de ces principaux auteurs, il est possible de retenir les types d'effets suivants:
— EFFETS PHYSIOLOGIQUES (effets sur les muscles, la transpiration, le pouls, les vaisseaux sanguins et sur le rythme cardiaque et respiratoire);
— EFFETS SUR LE CERVEAU (ondes cérébrales Bêta, Alpha, Thêta);
— EFFETS PROPREMENT COGNITIFS (effets sur l'apprentissage par l'action de la musique sur une

fonction physiologique ou cérébrale, et par conséquent sur la mémorisation, la compréhension...);
— EFFETS SUR LA SANTÉ PHYSIQUE ET MENTALE.

Instrument de collecte des données
Pour trouver une réponse au problème de recherche, j'ai choisi d'interroger les auteurs. Selon les idées principales exprimées dans le cadre conceptuel, j'ai développé les questions suivantes. Ces questions seront posées aux écrits retenus, figurant pour la plupart dans la bibliographie à la fin du livre.

— Quelles sont les dimensions de la musique qui ont une influence sur l'apprentissage et le comportement ?

— Quels sont les caractères ou les propriétés de cette influence ?

— Quels sont les effets physiologiques, cérébraux, cognitifs de la musique et quels sont ses effets sur la santé ?

Deuxième partie

Les résultats
de la recherche

Prélude IV

Notre société valorise-t-elle la formation musicale ?

Notre société ne valorise certainement pas assez la formation musicale, à mon avis. Regardez ce qui se passe dans la plupart des écoles du Québec. Quelles sont les matières sur lesquelles on insiste vraiment? Les langues (surtout le français) et les mathématiques se partagent la grosse part du gâteau. Viennent ensuite les sciences, la technologie, l'informatique et quelques autres matières de moindre importance. Parmi les activités parascolaires qu'on cherche à promouvoir, les activités sociales et surtout les sports arrivent bons premiers.

Je n'ai rien contre ces disciplines, remarquez bien, je sais qu'elles sont importantes, voire nécessaires. Mais la musique, toute importante qu'elle soit (j'allais dire essentielle, et pourquoi pas?) arrive bonne dernière! Quelle école a sa chorale? Budget restreint, temps limité, personnel plus ou moins formé. Cela ressemble étrangement, mais en plus sombre encore, au sort qu'on fait aux bibliothèques dans les écoles et dans les villes. C'est un spectacle désolant. Par ailleurs, pour toutes sortes d'autres activités, quelles sommes astronomiques on dépense dans les écoles, dans les entreprises, dans les administrations municipales et nationales!

Dans la plupart des familles, la situation n'est guère plus reluisante. L'enfant sait à peine marcher qu'on lui met un bâton de hockey dans les mains. Il sait à peine balbutier «papa», «maman» qu'on lui enseigne le nom des supervedettes de notre sport national. Pourtant l'enfant — le garçon en tout cas — qui, un peu plus tard, apprend un instrument (surtout s'il s'agit de musique classique), en plus de fournir l'effort normal, doit souvent lutter contre les préjugés et les moqueries du milieu scolaire et social. J'en sais quelque chose. Et où est-ce qu'on passe son temps dans la plupart de nos bonnes familles? Devant la télé, disent les sondages: environ vingt-cinq heures en moyenne par adulte, par semaine, et sensiblement la même moyenne pour les enfants. Encore là, je ne m'en prends ni au sport ni à la télévision, ce sont des merveilles. Je suis moi-même sportif. Il m'arrive aussi de ne pas vouloir manquer une émission. Mais la musique? Où est la musique dans toutes ces activités, et surtout quelle part réserve-t-on à la FORMATION musicale?

Un peuple qui néglige sa FORMATION musicale est un peuple primitif, d'une certaine manière. Il oublie de s'ouvrir à un immense champ de connaissance et de beauté, à un domaine vital de la culture, source de joie et d'équilibre. L'ouïe, le sens le plus noble, qui normalement nous vient au premier souffle (et même avant) et nous quitte au dernier, n'est pas faite pour percevoir seulement des sons relatifs au bruit et au langage. L'oreille humaine est hautement perfectionnée. Elle mérite un traitement privilégié.

Dans le reste du Canada et dans les autres pays, à quelques exceptions près, j'ai l'impression que la situation n'est pas tellement meilleure.

Quelle est donc l'explication de cette triste réalité? À mon sens, l'explication est assez simple à donner. Nous vivons dans une société pragmatique, «pratico-pratique», basée principalement sur des valeurs matérialistes. Quelles sont les matières qu'on valorise à l'école? — LES LANGUES: il faut pouvoir se débrouiller dans la vie, communiquer avec les autres. — LES MATHÉMATIQUES, clé des sciences, de la technologie et de l'administration. Il faut savoir compter, identifier tel virus, bâtir des ponts et faire des affaires. Quelles sont les activités les plus populaires? — LES SPORTS: il faut à tout prix fabriquer des héros, même artificiellement, à coup de stéroïdes; ça stimule l'économie du pays, ça fait croire que tel régime politique est supérieur à tel autre, ça fait rêver les enfants, les adolescents, qui n'ont plus de religion; le sport est devenu le pain du peuple, mais un pain appauvri. — Et LA TÉLÉVISION, elle aussi, fait rouler l'économie. Tous ces commerciaux, toute cette publicité! On s'en gave. C'est bien connu, la télévision, c'est le nouvel opium du peuple.

Chacune de ces activités a sa place, chacune est nécessaire, mais je pense qu'il y a déséquilibre. La musique se faufile bien ici et là, par bribes, dans les messages publicitaires, dans les films, dans les séries télévisées, et même au Forum où on l'utilise, s'il vous plaît, avec assez d'à-propos pour revigorer en même temps la foule et les joueurs. Mais ici je parle surtout, encore une fois, de FORMATION musicale, d'éducation, et d'une échelle de valeurs dans notre civilisation.

Si vous le voulez bien, revenons aux deux matières les plus importantes dans les institutions scolaires: les langues et les mathématiques. Les langues, telles qu'on les enseigne aujourd'hui, avec le minimum d'insistance sur l'aspect culturel, l'aspect poétique, et le maximum d'insistance sur l'aspect communication, ne développent plus que l'intellect. Dans le cas des mathématiques, c'est encore plus évident: elles ne s'adressent qu'à l'intellect, nullement au cœur, à la sensibilité. Pour ce qui est des autres activités, le sport contribue surtout à développer le physique. Quant à la télé, entre vous et moi, c'est une «activité» qui développe le plus souvent la... passivité (bien sûr, il existe de bonnes émissions..., de beaux films, je ne le nie pas).

Or la musique, et encore davantage celle qu'on fait, s'adresse non seulement au corps entier mais à toutes les facultés les plus nobles de l'être humain: l'intellect, le sentiment et l'âme. Et si on sait l'utiliser — j'en parle assez dans ma recherche et je vous en reparlerai dans les préludes — elle peut grandement aider à développer la volonté et améliorer la santé. Que voulez-vous de plus?

Trouvez-moi un art aussi complet. La poésie a ses limites: c'est la barrière de la langue. La traduction est toujours un peu une trahison. Une peinture peut-elle faire vibrer, en un même instant, une foule de quelques milliers de personnes? Même le cinéma sent infailliblement, de nos jours du moins, le besoin d'un fond musical.

* * *

Cela dit, il me faut conclure ce prélude, si j'ose dire, sur une note optimiste, puisque je suis foncièrement optimiste. Eh bien! malgré tout, il y a espoir, beaucoup d'espoir même. Depuis quelques années, on sent un vent nouveau qui souffle. Regardez, par exemple, le travail gigantesque du Père Lindsay (qui a su demeurer si simple, si près des gens, malgré la gloire). Il est le fondateur et l'animateur de diverses institutions à vocation musicale, dont le Festival international de Lanaudière. Quel formidable travail de pédagogie auprès du public! Que dire aussi du triomphe de l'Orchestre symphonique de Montréal et de tous ces orchestres symphoniques qui se développent et se multiplient.

En outre, si l'on considère le nombre de nos chanteurs et cantatrices de renommée internationale, on est surpris. Toute proportion gardée, peu de peuples ont donné autant de grands interprètes de musique vocale. Et combien de nos virtuoses, surtout nos pianistes peut-être, sont célèbres! Ces artistes se produisent régulièrement sur les scènes les plus prestigieuses du monde. Et nos chansonniers... Combien connaissent des succès phénoménaux!

On pourrait multiplier les exemples d'effervescence et de culture musicales en mentionnant le Concours international de piano, de violon et de chant, le Festival international de musique de Montréal, sans compter les camps musicaux qui sont devenus très populaires. Mais je dois m'arrêter quelque part.

Vraiment, il y a de quoi se réjouir : la musique, la belle musique va se développer et intéresser les gens encore davantage. Nous atteindrons ainsi, dans quelques années, un équilibre plus sain, non seulement au Québec mais ailleurs dans le monde. Sincèrement, je crois que nous sommes à l'aube d'un temps nouveau... ou du moins je l'espère. Mais il faut que chacun, vous et moi, par exemple, fasse sa part...

* * *

Dans le prélude V, j'aborderai le sujet le plus délicat, le plus controversé dont on puisse traiter en matière de musique. Nous parlerons de critères pour évaluer nos goûts musicaux, pour évaluer la qualité des styles de musique.

Pour le moment, l'influence des dimensions simples de la musique (hauteur, durée, intensité, timbre), ça vous dit quelque chose ? C'est le sujet du chapitre IV.

Chapitre IV

L'influence des dimensions simples de la musique

*À Rome, nous [...] voyons [les musiciens profes-
sionnels] présents aux sacrifices, aux combats, aux
spectacles, dans les banquets, les mariages et les
funérailles. Ils suivent ou mènent les défilés triom-
phaux et les processions. Ils animent la rue et
charment les soirées mondaines. Fresques, mosaïques,
tombeaux, autels, inscriptions et textes nous livrent
leurs figures, leurs noms et leurs exploits jusqu'à nous
assourdir.*

Alain Baudot, *Musiciens romains de l'Antiquité*

La hauteur

C'est le nombre de fréquences qui fait varier la hauteur d'un son. Si elles sont nombreuses, le son est plus aigu, et si elles sont moins nombreuses, le son est plus grave. De Candé explique que l'ouïe perçoit seulement les sons dont les fréquences sont comprises entre 20 et 16 000 périodes à la seconde environ. Ces limites peuvent varier d'une personne à l'autre, en particulier la limite supérieure qui tend à s'abaisser avec l'âge. Au-delà de 16 000 périodes à la seconde (ou 16 000 hertz), on est dans le domaine des ultrasons, qu'on ne peut entendre mais dont on peut avoir une certaine perception.

Au cours d'une conversation que j'ai eue avec André-Paul Bourret, professeur de chant qui a travaillé avec des adultes au Centre d'audio-psycho-phoniatrie de Montréal, il a fait une mise au point à ce sujet. Selon lui, les expériences de Tomatis ont démontré que beaucoup de gens peuvent percevoir les mots prononcés filtrés à 20 000 hertz.

Pour Aïvanhov, les quatre voix (basse, ténor, alto et soprano) représentent les quatre cordes du violon. Ce dernier serait aussi un symbole de l'homme. La corde de *sol* représenterait le cœur, celle de *ré* l'intellect, celle de *la* représenterait l'âme et le *mi*, l'esprit. Les quatre voix nous rappelleraient que les quatre principes du cœur, de l'intellect, de l'âme et de l'esprit doivent vibrer en harmonie dans l'être humain. Comme le violoniste doit accorder son violon avant de jouer, l'être humain doit accorder son être entier pour faire un véritable travail intérieur. D'après ces affirmations, la voix du ténor et la corde du *ré* seraient liées à l'intellect, donc à une certaine forme d'apprentissage.

Le Dr Alfred Tomatis est connu à travers le monde pour ses travaux sur l'audition et la phonation. Il est spécialisé en phoniatrie et en particulier en neurophysiologie auditive. D'après lui, le violon est l'instrument qui émet les plus hautes fréquences. Aussi recommande-t-il d'utiliser, dans son traitement de la dyslexie et dans ses programmes de langue, les concertos de Mozart. Cette musique est filtrée de façon à ne laisser passer que les plus hautes fréquences. Durant le traitement, de la session 1 à 14, il y a progression. L'enfant entend d'abord une musique dont la fréquence est inférieure à 1 000 hertz (1 000 périodes par seconde), puis 2 000, 3 000, 4 000, jusqu'à 8 000 hertz. D'après ses recherches et celles que mènent ses collaborateurs, les hautes fréquences provoquent un état de relaxation et stimulent le cortex. Par contre, les sons de basse fréquence provoquent un état de fatigue et d'anxiété. Tomatis utilise aussi les chants grégoriens que l'enfant entend et répète à cause de leur rythme lent et leurs hautes fréquences.

La hauteur des sons peut ainsi être reliée à l'apprentissage, mais parfois de façon assez indirecte et, à notre connaissance, chez peu d'auteurs.

La durée: rythme, mélodie, harmonie et autres composantes

La durée, qui engendre le rythme et la mélodie, jointe elle-même à l'harmonie, paraît être un concept relié de façon plus directe à l'apprentissage.

D'Ormesson explique que la mélodie représente l'aspect horizontal ou temporel et l'harmonie représente l'aspect vertical ou spatial de la musique. L'aspect temporel obéit à l'aspect spatial, ce qui veut dire que l'aspect horizontal de la ligne mélodique obéit à l'aspect vertical de l'harmonie, selon cet auteur. L'harmonie étudie les accords, et parmi ceux-ci l'accord parfait. L'accord parfait est constitué de l'émission simultanée de trois sons dans le rapport tonique + tierce + quinte. Selon d'Ormesson, «pour des raisons physiques, universelles et cosmiques, l'accord parfait est l'élément par excellence de toute harmonie tonale[1]».

Toujours selon d'Ormesson, l'accord parfait, appartenant à l'harmonie et à la durée, existait déjà à l'état latent dans l'inconscient et l'intellect de l'homme depuis plus de deux mille ans.

Relativement à l'harmonie, les musicothérapeutes J. et M.-A. Guilhot et autres distinguent l'influence de trois sortes d'accords: les accords consonants, qui seraient associés par exemple à la joie; les accords dissonants, associés par exemple à l'inquiétude; l'accord parfait, associé par exemple au calme.

Quant à la mélodie, composante elle aussi de la durée, Lecourt nous dit qu'elle est la source même du plaisir musical. L'Échevin partage la même opinion. Rappelons ici que pour Lozanov il n'y a pas de suggestopédie s'il n'y a pas de plaisir à apprendre, et l'un des rôles de la musique, selon lui, c'est de rendre l'apprentissage agréable. Pour sa part, Bancroft affirme qu'une mélodie soutenue avec violon ou cordes et un accompagnement régulier de basses constituent des caractéristiques importantes des mouvements lents de musique baroque. Et c'est ce genre de mélodie, entre autres, qu'utilise la suggestopédie.

Bélanger dit que Lozanov a retenu des œuvres en fonction de leur rythme, leur mélodie, leur harmonie et leur structure qui touchent la sensibilité d'un grand nombre d'auditeurs. Lehman recommande d'utiliser pour les cours suggestopédiques une musique qui répond du point de vue de la mélodie, du rythme et de l'harmonie à la personnalité de l'auditeur et à sa faculté de percevoir et de comprendre la musique. Cette sug-

---

1. *Op. cit.*, p. 204.

gestion ne nous semble pas facile à appliquer, si l'on pense que les groupes sont souvent formés de 10-12 étudiants ou plus.

La mélodie se perfectionnera en particulier à partir du XVIIIᵉ siècle avec le contrepoint. Selon de Candé, le contrepoint est une «technique de composition musicale consistant à superposer des lignes mélodiques[2]».

C'est Jean-Sébastien Bach qui établira de façon définitive toutes les lois contrapuntiques et tonales de la musique contemporaine. Or ce compositeur, d'après nombre d'auteurs, entre autres Aïvanhov et Scott, est l'un de ceux dont la musique fait le plus appel à l'intellect. Pour eux, la musique de Bach tient des mathématiques. Pour Scott, seul un mathématicien pouvait porter le contrepoint à un tel degré de perfection. Or Bach n'est pas que le plus grand contrapuntiste. D'après Scott, c'est le plus grand polyphoniste que le monde ait connu. Le contrepoint est relié à la mélodie, la polyphonie à l'harmonie. Scott explique que les compositions de Bach exigent un effort mental considérable et qu'elles sont infiniment plus intellectuelles que celles de son contemporain Haendel, par exemple. Rien d'étonnant alors que Bach soit l'un des compositeurs les plus recommandés de Lozanov, puisque sa musique semble surtout reliée à l'intellect.

Dans les dimensions simples, et dans l'une de ses composantes appelée la durée, c'est le rythme qui semble cependant avoir l'influence la plus nette, selon les auteurs en musicothérapie ou en suggestopédie.

La musique de Bach, comme celle de Haendel, de Vivaldi et d'autres compositeurs de cette époque, est appelée baroque ou préclassique. Le rythme de la musique baroque se caractérise par sa régularité: de 60 à 70 temps forts à la minute, rythme très proche de celui des battements du cœur, mentionne Cureau. Et Yellin confirme que la musique baroque a été choisie pour la

---

2. *Op. cit.*, p. 133.

suggestopédie en raison de sa mesure méthodique et lente de 60 battements à la minute, synchronisable aux rythmes corporels.

Bancroft rappelle que cette mesure de 60 battements à la minute est celle de la musique indienne recommandée pour faciliter la méditation des yogis. D'après Bancroft, Lozanov est lui-même un yogi et Yellin renchérit en précisant que Lozanov a étudié le Raja Yoga pendant vingt ans. Sa thèse de doctorat traite abondamment des prouesses intellectuelles des yogis, en particulier de leur faculté hypermnésique, développée par entraînement[3].

Ce n'est donc pas par hasard que Lozanov recommande l'utilisation de la musique baroque pour le concert passif. En ce qui concerne le choix des pièces musicales, il se fie en particulier à E. Gateva, «fellow-researcher», elle-même ancienne chanteuse à l'Opéra de Sofia, et à P. Balevski, directeur du laboratoire de l'Institut de Suggestologie et chef de la section médicale. Lozanov n'a retenu que les œuvres testées expérimentalement dans le laboratoire électrophysiologique de l'Institut et dans les cours de langues étrangères qui s'y donnent. Pour lui, le rythme est d'une importance vitale. C'est un principe biologique fondamental, un reflet du rythme dans la nature. Il donne comme exemple les rythmes des jours, des saisons et des années, les réactions végétatives affectives *(affective vegetative*

---

3. À ce sujet, Harvey Day rapporte (dans Lozanov, 1978, p. 7) que l'Indien Audhani, qui vivait récemment à Bombay, en Inde, connaissait les Védas par cœur. Il pouvait répéter 1000 expressions par cœur après les avoir entendues ou lues une seule fois. Il pouvait se souvenir de n'importe quel poème, dans n'importe quelle langue, après l'avoir entendu une seule fois.
Selon Lozanov (1978, p. 8-9), cette hypermnésie est souvent accompagnée d'une performance automatique dans les opérations mathématiques. Par exemple, K.M., testé à l'Institut de Sofia, a effectué, mentalement, sans effort et avec plaisir, les multiplications suivantes: 28 x 424, 53 x 541, 23 x 344, 63 x 256 et 27 x 473. Il a mis 16,86 secondes à la résoudre, alors que l'opérateur de la calculatrice électronique (ELKA) a mis 28 secondes pour faire le même calcul.

reactions) et, par voie de conséquence, la vie intellectuelle. Ainsi croit-il qu'un rythme approprié dans la présentation d'un cours suggestopédique assure un haut degré de mémorisation. D'après lui, de nombreuses études ont démontré que les intervalles entre les séquences de matière présentée ont un effet sur le volume de mémorisation.

Nombre d'autres auteurs, en particulier dans le domaine de la médecine, de la musicothérapie et de la suggestopédie, insistent sur le rythme en général et plus précisément sur le rythme musical relié à l'apprentissage, au comportement ou à l'émotion. Nous rappelons ici qu'au deuxième chapitre, dans la définition des concepts, nous avons retenu deux définitions du concept d'apprentissage. L'une d'elles inclut l'idée de comportement, l'autre, celle d'émotion. Nous donnerons ici un bref aperçu de résultats de recherches faites dans les trois disciplines que nous venons de mentionner: la médecine, la musicothérapie et la suggestopédie.

Le Dr Tomatis insiste sur l'importance du rythme dans le langage ou dans la rééducation du langage. Dans son traitement de la dyslexie, il tente de reproduire au moyen de la musique le rythme cardiaque que l'enfant a déjà entendu dans le sein de sa mère. Le célèbre médecin demande souvent aux parents, surtout à la mère de l'enfant, de suivre le même traitement ou du moins une partie du traitement. Cela en raison du lien étroit qui unit la mère à l'enfant depuis la conception. L'apprentissage de l'enfant est donc dépendant, jusqu'à un certain point, de celui de la mère. Comme nous l'avons dit, Tomatis préfère le rythme lent des chants grégoriens pour son traitement de la dyslexie et ses programmes de langue.

En musicothérapie, Nowicki et Trevisan parlent des qualités énergétiques uniques du rythme. Ils soutiennent qu'une musique rythmée, par exemple une certaine musique avec danse, mouvement ou jeu d'instruments à percussion, peut aider à libérer de la colère.

Édith Lecourt nous dit que l'expérience émotionnelle est le fruit des variations de rythme de tension et de relaxation.

Riegler fait état d'une expérience avec un groupe de patients âgés. Il a appliqué la technique RO *(Reality orientation)*. C'est une technique utilisée avec des patients qui ont un comportement confus ou désorienté. Il a utilisé la musicothérapie avec un groupe expérimental de quatre patients et une méthode traditionnelle avec un groupe témoin de quatre patients aussi. Dans l'un des exercices, les patients jouaient des instruments à percussion (à base de rythme) pour accompagner les chansons. L'expérience s'est avérée efficace. Le groupe témoin est demeuré au même niveau, mais l'autre groupe a démontré une nette amélioration. Il y a eu une différence significative ($p<.05$) entre le groupe expérimental et le groupe témoin. Cependant, en conclusion de son rapport, il fait remarquer que l'expérience n'est pas vraiment concluante étant donné le nombre restreint de sujets. D'autres recherches en ce sens sont souhaitables, d'après lui.

Pour Lachat, le rythme est la dimension fondamentale de la musique. À son avis, pour faire un travail efficace avec la musique, il faut tenir compte des liens qui existent entre les rythmes pulsionnels (battements de cœur, respiration...) et les rythmes mentaux.

Staum rapporte une expérience menée auprès de 25 sujets de différents âges et souffrant d'infirmités motrices *(gait disorders)*. Ces sujets ont écouté des extraits de cinq marches et des cassettes reproduisant, au moyen d'un instrument à percussion, uniquement les battements de ces extraits. Les sujets avaient comme objectif de coordonner leurs pas aux stimuli sonores rythmés. Les résultats ont indiqué que tous les sujets ont amélioré leur rythme, leur démarche ou la vitesse de leur démarche. Il s'agirait alors ici d'un apprentissage (ou d'une rééducation) relié au rythme d'une musique de marche.

De leur côté, Hanser, Larson et autres rapportent une expérience fort intéressante, menée avec sept femmes enceintes. Cette expérience avait pour but de tester l'efficacité de la musique pour diminuer la douleur durant l'accouchement. La musique devait alors servir, entre autres, à donner le signal de la respiration rythmée. Il s'agissait de programmes de musique individualisés. Deux critères présidaient au choix des pièces de musique : les préférences musicales de ces femmes et des observations du rythme de leur respiration. On a enregistré des extraits de musique de rythme accéléré pour correspondre au rythme de respiration de la mère. L'expérience s'est avérée efficace. Les sept femmes du groupe expérimental ont éprouvé moins de douleur durant l'accouchement [différence significative (p<.05)], en comparaison du groupe témoin avec lequel aucune musique n'a été utilisée. Cependant, selon les auteurs, vu l'échantillon réduit, cette expérience ne représente qu'une première tentative pour déterminer l'influence de la musique sur ce genre d'apprentissage ou de comportement. Une fois de plus, on peut dire qu'il s'agit bien ici d'une sorte d'apprentissage (comme c'est souvent le cas dans les expériences de musicothérapie). Ces femmes avaient pour objectifs d'apprendre à respirer d'une certaine façon, à relaxer, à accoucher sans douleur ou du moins d'une manière moins pénible. Apprentissage ou acquisition d'un nouveau comportement, les concepts se rejoignent.

Comme nous l'avons fait remarquer plus haut, la suggestopédie, Lozanov en tête, accorde elle aussi une grande importance au rythme en général, à celui de la musique en particulier.

Pour mieux comprendre l'importance du rythme en suggestopédie, nous présenterons le schéma de déroulement d'une leçon, car une leçon, c'est pour ainsi dire un rythme, particulièrement en suggestopédie. De plus, l'une des parties de la leçon pendant laquelle on utilise la musique s'appelle le concert[4]. Il importe donc de bien situer et définir cette partie à l'intérieur d'une leçon type. Enfin, j'ai expliqué au premier chapitre l'origine de la suggestopédie, ses principaux caractères, ses traits dominants, ses principes de base et ses moyens. Il semble essentiel ici, pour compléter le tableau, de présenter brièvement deux aspects plus pratiques, plus concrets: comment se déroule et se donne une leçon. Je m'efforcerai de le faire en ne parlant que des points susceptibles d'intéresser le lecteur non initié ou peu familier à la suggestopédie. Ceux qui désirent en savoir davantage sur ce sujet peuvent consulter un livre traitant de la suggestopédie ou mon mémoire de maîtrise, chapitre III, p. 76 à 98. Nous irons du général (la leçon) au particulier (la musique, le rythme dans la leçon).

Plusieurs auteurs expliquent comment peut se dérouler une leçon suggestopédique. Plusieurs auteurs aussi expliquent comment la leçon type a évolué dans son contenu, mais surtout dans sa forme, aussi bien à l'Institut de suggestologie de Sofia qu'à l'étranger. Parmi ces auteurs, nous avons retenu Bancroft, Bélanger, Saféris et Lerède.

Bancroft apporte un point de vue particulier, un peu catégorique mais très clair sur le déroulement de la première partie d'une leçon. Son point de vue s'oppose à celui de Lerède. Bélanger a une façon de voir très structurée et très claire. Saféris communique une position plus simple et aussi très claire. Lerède est peut-être l'auteur qui a expliqué de la façon la plus détaillée l'évolution dans la présentation d'une leçon, des origines de la suggestopédie jusqu'au début des années 80. Sa perspective aide notamment à comprendre l'évolution de la suggestopédie, la structure et le fonctionnement d'une leçon, l'importance relative du concert et de la musique dans l'apprentissage et la mémorisation, l'im-

---

4. Rappelons qu'il ne s'agit pas ici d'un concert dans le sens où on l'entend habituellement. Voir l'explication concernant ce mot p. 46.

portance enfin du rythme, de l'intonation et de la voix du professeur. Les auteurs dont il est question ici, d'après ce qu'ils écrivent, ont tous quatre le mérite d'avoir rencontré Lozanov et observé des classes à l'Institut de suggestologie de Sofia. Il semble aussi (sauf peut-être Saféris) qu'ils aient visité de nombreux autres centres en Europe et en Amérique.

* * *

Jane Bancroft parle de la leçon telle qu'elle se donnait à l'origine, dans les classes de suggestopédie à l'Institut de Sofia, et de ses adaptations aux États-Unis. Elle ne mentionne cependant que les premières parties d'une leçon, peut-être parce qu'elle désire insister sur certains aspects. D'après elle, la leçon à l'origine durait quatre heures et comprenait trois parties distinctes, que le personnel de l'Institut appelait le cycle suggestopédique.

Après avoir révisé la matière linguistique du jour précédent, le professeur présente la nouvelle matière. Puis on passe à la séance active durant laquelle les étudiants respirent de façon rythmée, selon les règles du yoga. Il doit y avoir une relation étroite entre ce rythme respiratoire (2 secondes, inhalation; 4 secondes, rétention; 2 secondes, expiration) et le rythme de lecture du professeur. Le professeur lit en effet un dialogue à haute voix. La musique (baroque) n'est utilisée que dans la séance passive. Le rythme de respiration de l'étudiant, le rythme de lecture du professeur et celui de la musique doivent être identiques.

* * *

Bagriana Bélanger distingue trois étapes dans la leçon suggestopédique.

L'étape qui précède les séances

Le professeur présente ici la matière du nouveau dialogue et déchiffre cette matière d'abord superficiellement, puis en profondeur en utilisant des techniques comme la répétition, l'intonation et le rythme variable.

L'étape des séances

Les séances s'inspirent de certaines techniques de yoga. Leur but est d'assurer la mémorisation.

Dans la séance active, le professeur lit le texte dans les deux langues, alternativement, en commençant par la phrase de la langue maternelle. Les étudiants suivent dans le texte. Comme leur attention active se porte sur le texte, on appelle cette séance «active». Après cette phase, Lozanov conseille de faire faire aux étudiants des exercices physiques et de respiration profonde comme le font les yogis. Ces exercices oxygéneraient le cerveau et diminueraient la fatigue.

Dans la séance passive, les étudiants se sont rassis dans leur fauteuil et ils imaginent qu'ils sont au concert. Ils écoutent une œuvre musicale, de préférence classique ou préclassique. Le professeur lit le texte en adaptant sa sensibilité propre au rythme de la musique.

L'étape qui suit les séances

Dans une première actualisation, il s'agit d'activer la matière apprise par divers moyens comme des conversations à deux ou à trois, des jeux, des devinettes... Une seconde actualisation porte l'étude de la matière à un niveau supérieur. On y écoute, par exemple, des textes supplémentaires et on y fait de la grammaire. Dans des sketches, les étudiants s'inspirent du dialogue, mais improvisent des situations qui se rapprochent de la réalité.

Notons que la séance passive seule utilise la musique, comme c'était le cas avec Bancroft.

* * *

Fanny Saféris, enthousiaste au retour de sa visite à l'Institut de suggestologie de Sofia en septembre 1976, dresse un tableau de l'horaire des cours d'anglais auxquels elle a assisté et donne le programme de chaque jour.

JOUR I

Lecture ponctuée de commentaires en bulgare et d'explications linguistiques. La première leçon est un dialogue de huit pages.

Le programme de ce jour I comprend aussi un premier concert dans la séance active et un deuxième concert dans la séance passive.

Dans la séance active, les étudiants suivent le texte des yeux en même temps que la traduction et répètent pour eux-mêmes, s'ils le désirent. Les étudiants écoutent les symphonies N° 67 en *sol* majeur et N° 68 en *ré* bémol majeur de Haydn. Le professeur ne tient pas compte du sens du texte pour moduler sa voix, mais fait coïncider les phrases anglaises avec les phrases musicales. Le professeur donne l'impression de vouloir intégrer les sons de la langue aux sons de la musique, de manière que cet amalgame forme un tout harmonieux. Selon la phrase musicale, sa voix peut prendre un ton solennel, s'adoucir, devenir plus habituelle, mais elle n'est jamais dépourvue d'émotivité.

Dans la séance passive, les étudiants ferment leur livre et ils attendent dans un silence complet. Cette fois, ils entendront les concerti op. 4, 10, 11, 12 de Corelli pendant que le professeur fera une deuxième lecture du dialogue d'une voix légère, satisfaite et facile, qui suit de très près le rythme de la musique.

JOUR II

On y fait, en deux étapes de 90 minutes chacune, une première exploitation du dialogue I.

Exercices, jeux, devinettes. On y encourage toute forme de communication en anglais ou en bulgare. Un divertissement musical annonce la pause de 30 minutes entre les deux étapes.

JOUR III

On termine ce cycle d'une première leçon par une deuxième exploitation du dialogue I.

Réutilisation de la matière apprise à un niveau plus global, plus général. Les étudiants composent des sketches. Jeux et chansons. Pause de 30 minutes.

Puis une deuxième leçon commence, selon le même découpage. Notons que dans ce schéma de déroulement, il n'y a pas un concert, comme pour Bancroft et Bélanger, mais deux concerts.

* * *

Lerède est peut-être celui qui a décrit avec le plus de détails l'évolution de la présentation d'une leçon et en particulier l'utilisation du concert. Je donnerai ici une vue d'ensemble de l'évolution d'une leçon et du concert.

1 — Présentation ou déchiffrement (du dialogue) appelée aussi pré-session

Cette présentation dure en moyenne 45 minutes. Le professeur fait une lecture très expressive. Il marque des temps forts et des temps faibles et les fait contraster selon des rythmes réguliers. Dans cette lecture, le rythme joue un rôle de premier plan et s'adresse moins à l'intellect qu'au sentiment et à l'imagination. Cette présentation est importante pour une première mémorisation.

2 — Session ou concert (une heure, selon un cours type de 1976)

C'est à ce moment que se déroule le processus de fixation du vocabulaire à mémoriser, par imprégnation dans l'inconscient. La session a été modifiée bien des fois de

1968 à 1978 et probablement aussi par la suite, en fonction des besoins d'expérimentation.

a) Session jusqu'en 1978
La session est formée d'une séance active (30 minutes) et d'une séance passive (30 minutes).

La séance active avant 1971 ne se déroulait pas en musique.

Le professeur lit le dialogue selon un rythme très prononcé, phrase par phrase.

1re phrase : voix déclarative
2e phrase : voix chuchotée
3e phrase : voix triomphale

La différence entre chacune des intonations était très marquée. L'intonation chuchotée était presque inaudible et l'intonation triomphale, presque criée. Le professeur lisait chaque phrase trois fois.

La séance active entre 1971 et 1975 ne se déroulait toujours pas en musique.
Le professeur lit le dialogue phrase par phrase en utilisant les trois intonations, mais la différence est moins marquée entre chacune d'elles.

Le professeur ne lit chaque phrase qu'une fois. Le rythme qui naissait de l'alternance des trois intonations prédisposait sinon au sommeil, du moins à un certain assoupissement.

La séance active après mai 1975. Ici apparaît l'accompagnement musical. Les trois intonations marquées disparaissent. Le rythme de la lecture est plus subtil et naturel. Une longue pause sépare chaque phrase. Ce retour régulier aide à maintenir un rythme omniprésent. Pour expliquer cette omniprésence du rythme, Lerède cite ici Fraisse : « La rythmitisation a comme effet d'améliorer l'efficacité de la mémoire[5]. » Pour ce qui est du ton du professeur, il est relativement uniforme, mais ce dernier émet les intonations

---

5.   J. Lerède, *Suggérer pour apprendre*, p. 189.

discrètes qui conviennent aux passages émotifs de la musique. C'est Bach, Haydn, Mozart qu'on utilise chez les classiques et Beethoven et Chopin chez les romantiques.

Pour bien faire comprendre le sens de cette évolution de la séance active, Lerède donne quatre raisons fondamentales:

— éliminer certains éléments hypnoïdes, bien que selon Velvoski, la suggestopédie n'ait rien de commun avec l'hypnose médicale et encore moins avec l'hypnose profonde;

— éliminer un subliminal trop direct, lié au chuchotement;

— la suggestopédie évolue vers plus de simplicité, de naturel;

— la suggestopédie évolue vers une plus grande intériorisation.

La séance passive depuis 1975

Le professeur lit le texte, mais c'est la musique qui prend la vedette en quelque sorte. L'étudiant s'abandonne à la magie du rythme et des sons. L'intonation du professeur épouse étroitement le rythme de la musique, en respecte le tempo, les pauses et, si la chose est possible, les nuances de sentiments. Rien, selon Lerède, qui ressemble au rythme artificiel de huit secondes dont parle Bancroft. Le talent du professeur et sa maîtrise de la voix constituent ici des facteurs déterminants.

b) Expérimentation en cours depuis 1978: le « mixage » intégral ou l'accumulation d'expériences

En 1978 ont commencé, à Sofia, de nouvelles expériences sur la session musicale. Séance active et séance passive ont disparu pour se fondre dans le concert. Il y a la 1re et la 2e partie du concert.

— 1re partie du concert (45 à 50 minutes)

Style de musique: très émotive, classique et romantique, diffusée à une intensité relativement élevée. La lecture du texte est très modulée, expressive, comme dans l'ancienne séance passive. La voix respecte les temps forts, les temps faibles, les silences. La voix est tour à tour triomphale, intime, lyrique. Les rythmes sont fortement marqués.

— 2e partie du concert (10-12 minutes)
Cette partie ressemble à l'ancienne séance active. La lecture se fait sur un ton naturel, plutôt uniforme. Elle est beaucoup plus rapide. Les étudiants écoutent en position relaxée, sans regarder le dialogue, une musique classique et pré-classique.

Selon Lerède, Lozanov donne deux raisons à ces changements. Il veut d'abord accorder plus de place à la musique. Mais la raison principale, c'est que la musique jouerait un rôle de placebo[6]. Le placebo serait un moyen pour atteindre un état de grande réceptivité mentale. Le concert a pour but de détendre et stimuler tout à la fois. Auparavant, détente et stimulation intervenaient successivement, dans des phases différentes.

3 — Exploitation

Exploitation I (trois heures)
Le professeur est ici un animateur de groupe et d'activités diverses. C'est aussi un genre de psychothérapeute et d'acteur, car il doit jouer, mimer. Lerède soutient qu'aucun des suggestopèdes[7] qu'il a observés en Occident ne possède toutes les qualités exigées pour remplir ce rôle d'animateur, de psychologue et d'acteur. Dans les petits sketches, les étudiants s'engagent totalement: corps, intellect, imagination, émotivité. On chante aussi beaucoup. Chaque jeu et saynète ne doit pas en principe durer plus de cinq minutes pour ne pas engendrer la monotonie. On fait des exercices de lecture collective, de traduction du

---

6. Du latin *placere*, plaire. En médecine, le placebo est une substance neutre ou un médicament sans action, prescrit au patient pour lui plaire.
7. Professeur qui utilise la suggestopédie.

texte des dialogues. Aucune correction directe, ce qui inhiberait l'étudiant. Il n'y a aucune répétition.

Exploitation II (une heure et demie)
Elle intervient le jour suivant. Elle diffère de l'exploitation I. On y fait beaucoup moins de sketches, de jeux et de chansons. Le professeur y organise surtout des exercices en duo sur la morphologie, la syntaxe. En général, l'oreille est plus sollicitée que l'œil, du moins dans les cours suggestopédiques de langue.

* * *

Il est intéressant de noter ici que le Centre d'enseignement des langues du Canadien Pacifique a retenu, depuis le début des cours suggestopédiques qui s'y donnent, un schéma de déroulement semblable à celui que décrivent Saféris et Lerède (concert en deux parties, selon l'expérimentation depuis 1978). Voici, en bref, la terminologie en usage et le découpage d'une leçon, au niveau des cours de français oral.

JOUR I

1 — Déchiffrement (45 minutes)
Le professeur lit le dialogue à haute voix, en donnant des explications et en ayant recours à la langue maternelle des participants.

2 — Concerts

a) Actif (20 minutes)
Les étudiants écoutent une musique romantique et le professeur lit le dialogue.

b) Passif (15 minutes)
Les étudiants écoutent une musique baroque et le professeur lit le dialogue.

JOUR II

3 — Activation (3 heures)
Renforcement de la matière apprise dans le dialogue,
par toutes sortes d'exercices, d'activités, de jeux...

JOUR III

4 — Synthèse (environ 1 h 30)
Production, expression, le plus près possible de la vie
réelle.

Ce même jour III, le professeur commence une
nouvelle leçon, c'est-à-dire le déchiffrement d'un nouveau dialogue.

* * *

Quels sont les points communs et divergents qui res-
sortent de l'exposition de ces cinq schémas de déroulement d'une leçon suggestopédique? Et surtout, quels
sont les points à souligner relativement à la musique, au
rythme, à l'intonation?

La variété des schémas de déroulement présentés
plus haut et les changements que Lozanov apportait à
différentes périodes font ressortir le caractère essentiellement expérimental de la suggestopédie. Il est à noter
qu'en dépit de ces changements, les principes fondamentaux, les caractéristiques de la suggestopédie n'ont
pas changé. Une structure de base semble s'être impo-
sée vers 1976-1978. C'est celle que Saféris décrit, que
Lerède reprend (expérimentation depuis 1978) et dont
le Centre d'enseignement des langues du Canadien
Pacifique se rapproche. Il subsiste quand même de nombreuses variantes, qu'il s'agisse de la durée des parties,
de la présentation du dialogue, des concerts ou de l'exploitation.

Il se dégage néanmoins des points communs. Par
exemple, les quatre auteurs insistent sur l'importance

du rythme dans chaque partie d'une leçon, mais surtout dans la partie du concert. Ils insistent sur l'importance de l'intonation dans la présentation du dialogue, mais surtout durant le concert. Le rythme de la voix est étroitement lié à l'intonation de cette voix. Le rythme et l'intonation seraient des moyens puissants et subtils de pénétrer l'inconscient et d'activer les réserves du cerveau humain.

Là où les auteurs paraissent le moins s'entendre, c'est sur la meilleure façon de présenter la session ou séance. Bancroft et Bélanger semblent privilégier la session active sans musique, présentée selon des techniques inspirées du yoga. Saféris, Lerède et le Centre d'enseignement des langues du CP privilégient les deux concerts. La musique prend alors une plus grande importance dans le processus d'apprentissage, ce qui semble être le vœu de Lozanov.

* * *

Plusieurs autres auteurs en suggestopédie ont noté l'influence du rythme et de l'intonation sur l'apprentissage. Nous en mentionnerons ici quelques-uns.

Selon Ostrander, Shrœder et autres, le rythme à lui seul aide à mémoriser, mais il y a danger de monotonie, dans le cas du rythme répétitif de la musique baroque, et cette monotonie peut gêner la mémoire. C'est l'intonation alors qui aide à briser la monotonie d'un rythme régulier.

Bélanger, même si elle ne relie pas directement l'intonation à la musique, projette un éclairage intéressant sur ce concept. D'après elle, l'intonation, au sens large, comprend les nuances de la tonalité sonore, mais aussi de la tonalité visuelle. Ces nuances ont une influence dans les arts visuels comme le cinéma et la télévision : l'intonation fait partie de la suggestion, et la suggestopédie utilise surtout l'intonation sonore. Et Bélanger affirme ici à peu près la même chose que Lerède : pendant neuf ans à Sofia on a utilisé l'intonation tridimensionnelle, soit la tonalité déclarative, douce, triomphante. Par la suite on a choisi la tonalité artistique, plus naturelle.

Bancroft recommande également l'intonation tridimensionnelle. Selon Ostrander, Shrœder et autres, les Bulgares récitent les mots clés à mémoriser à un rythme de huit secondes, parce qu'ils veulent relier leur débit à la mesure 4/4 de la musique baroque.

Pour Yellin, on doit découper la matière à enseigner en brefs segments correspondant au même rythme que la musique baroque (60/minute).

Pour Racle, durant la lecture artistique du texte sur un fond de musique, la voix du professeur s'efforce d'en respecter le rythme.

Phillips croit que Lozanov privilégie la musique baroque à cause de son rythme et c'est cette musique que Phillips utilise dans son expérience.

Enfin, Klockner rapporte que le professeur présente un poème, comme toute sa matière d'ailleurs, en fonction du rythme et sur fond musical, avec pauses. Les étudiants le mémoriseraient ainsi plus facilement.

Cette composante de la durée qui s'appelle le rythme exercerait donc une influence prépondérante sur l'apprentissage, selon un grand nombre d'auteurs.

L'intensité[8] (le volume)

Selon de Candé, « physiquement, cette qualité du son, liée à l'amplitude du mouvement vibratoire est, en un plan quelconque, l'énergie que produit ce mouvement par cm^2 pendant une seconde[9] ». L'unité de mesure de l'intensité est le décibel (db).

Selon d'Ormesson, un son plus ou moins intense est un son plus ou moins fort.

Pour les besoins de notre recherche, nous retenons la deuxième définition, plus simple que celle donnée

---

8. Le terme intensité sera utilisé comme synonyme de volume.
9. *Op. cit.*, p. 19.

par de Candé, qui exprime le point de vue de la physique.

Aïvanhov affirme que chanter très fort et sans âme ne donne aucun résultat. Pour Heinlein et Hevner[10] : « l'intensité aurait un effet plus marqué que le mode ». Mais le terme intensité porte ici à confusion. En effet, pour ces derniers, des expériences faites avec des accords ont montré une relation entre l'accord majeur et l'impression de force, d'une part, et l'accord mineur et l'impression de douceur, d'autre part. En fait, il ne s'agit pas ici du concept d'intensité (musique douce ou forte) tel que défini ci-dessus. Commentant d'ailleurs l'influence du mode (mineur ou majeur) J. et M.-A. Guilhot et autres expliquent les difficultés de la recherche pour déterminer l'effet précis de cette dimension de la musique.

Comme pour l'étude d'autres dimensions, le défi pour le chercheur est précisément d'isoler telle variable, essentiellement fusionnée à un tout qui s'appelle une œuvre. Sans cette condition, comment en effet déterminer expérimentalement l'influence de ces dimensions?

Pour ce qui est de l'opinion des auteurs en suggestopédie, il est possible encore ici de distinguer les opinions concernant l'intensité de la musique, à n'importe quel moment d'une leçon ou même en dehors d'une leçon, et l'intensité de la musique pendant le concert.

Leontyev recommande de faire jouer une musique douce pendant la récréation.

Klockner obtient des résultats spectaculaires en faisant jouer de la musique baroque de faible intensité, sans interruption du début à la fin de la classe.

En général, les auteurs ne semblent pas accorder une grande importance à l'intensité de la musique pendant le concert.

Pour Racle, la voix du professeur s'ajuste au volume (intensité) musical.

---

10. J. et M.-A. Guilhot et autres, *La Musicothérapie et les méthodes nouvelles d'association des techniques*, p. 39.

Bélanger semble suggérer pour le concert passif que l'intensité de la musique soit assez forte et la voix du professeur « à l'arrière-fond ».

Phillips recommande une musique baroque douce pour un concert de 15 minutes et obtient de bons résultats.

Bancroft, Saféris, Bélanger, Cooter et d'autres ne font aucune allusion directe à l'intensité de la musique pendant le ou les concerts.

Par contre, Lerède semble y attacher une certaine importance. Selon lui, à l'Institut de Sofia, dans la séance active après mai 1975, la musique n'est jamais plus forte que la voix qui, elle, est souvent plus forte que la musique. Par ailleurs, dans la séance passive d'avant 1978, la musique classique et préclassique diffusée pendant la lecture du dialogue n'est plus une musique d'accompagnement, un fond musical. C'est réellement un concert. C'est au contraire la lecture du texte qui est faite en sous-impression, en accompagnement, et la voix du lecteur est alors entièrement soumise à la musique dont elle n'entrave jamais l'audition. Lerède parle aussi de l'expérimentation depuis 1978. Dans la première partie du concert, on diffuse une musique à caractère émotif à une intensité normale, et même relativement élevée. La musique est assez forte. Mais la voix aussi est assez forte. Elle ne se perd pas dans la musique. Dans la deuxième partie du concert, on fait jouer des pièces préclassiques et classiques formant un fond musical, mais qui donnent l'impression d'un concert normal.

Dans son livre intitulé *La Suggestopédie*, Lerède apporte des précisions au sujet de l'intensité. Le concert comprend deux parties. Dans la première partie, la musique se joue sur un registre relativement élevé, alors que le professeur commence la lecture du dialogue en « sous-impression perceptive » par rapport à la musique. Dans la seconde partie, la lecture du texte est encore faite en sous-impression perceptive par rapport à la musique.

En résumé, selon Lerède, depuis quelques années, dans les deux parties du concert la musique est diffusée à une intensité assez forte. Mais la plupart des auteurs accordent peu d'importance à l'intensité, qui ne serait reliée à l'apprentissage que de façon indirecte.

Le timbre

L'Échevin définit ainsi le timbre :

Concept simple qui recouvre une réalité acoustique très complexe. Le timbre est la qualité d'un son qui permet de le différencier de tous les autres sons ayant la même hauteur et la même intensité[11].

D'Ormesson confirme que le timbre, c'est l'identité d'un son. Le *la* d'un piano, d'une trompette ou d'un violon a une couleur différente : c'est son timbre. Chaque voix, chaque instrument possède un timbre spécifique, ce qui est dû au phénomène des harmoniques. À chaque son fondamental s'ajoutent d'autres sons appelés harmoniques. Ces derniers forment, avec le son fondamental, une série de sons partiels. « Le résultat sonore de cette série est le timbre du son entendu[12]. » La richesse, la plénitude du timbre est proportionnelle au nombre de ses harmoniques : « La voix humaine est particulièrement riche en harmoniques[13]. »

Pour Aïvanhov, la voix est supérieure au violon et à n'importe quel instrument. Habituellement, fait-il remarquer, on croit que la voix est au-dessous de la musique instrumentale. Selon cet auteur, on a porté la musique instrumentale à un certain degré de perfection, mais la voix n'a pas encore donné ce qu'elle peut donner. Comme c'est l'amour qui a donné naissance à la musique, c'est l'amour qui crée les plus belles voix. La nutrition, le genre de vie plus ou moins équilibrée, plus ou moins pure que mène un être humain, tout se reflète dans sa

---

11. P. l'Échevin, *Musique et médecine*, p. 213.
12. *Op. cit.*, p. 193.
13. *Ibid.*

voix. Les pensées, la moindre émotion se reflètent dans la voix. « Il faut que dans la voix se trouve quelque chose qui chauffe, qui dilate, qui stimule, qui inspire [14]. » Cet auteur reconnaît l'influence de la musique en général sur le comportement, le perfectionnement, l'apprentissage. Il reconnaît aussi que le chant, écouté ou pratiqué en solo ou en chœur, a une influence, même supérieure à la musique instrumentale. L'acte de chanter en groupe est particulièrement bénéfique, harmonisant. Pour lui, perfectionner sa voix, c'est se perfectionner soi-même, et « par le chant choral, nous exprimons notre désir d'embrasser l'univers, d'être en harmonie avec le tout [15] ».

Winston cite Cayce : « Le centre nerveux de la voix est la plus haute vibration de tout le système nerveux [16]. » Cayce dit encore que le chant est un moyen facile pour puiser dans le grand réservoir de l'énergie créatrice.

Pour leur part, J. et M.-A. Guilhot et autres se basant sur des recherches (auprès de milliers de sujets) de Schoen et Gatewood, Hevner, Capurso et Cattell résument ainsi une de leurs observations : la musique vocale a un pouvoir évocateur plus important que la musique instrumentale. Par contre, Bélanger déconseille l'usage de la musique vocale pendant la leçon, parce que les textes transmettent à l'auditeur des images toutes faites et l'empêchent ainsi de construire les siennes propres.

Étudiant l'influence particulière du timbre, J. et M.-A. Guilhot et autres citent le caractère agreste lié à la flûte, le caractère religieux lié à l'orgue et le caractère populaire lié à l'accordéon. Ces mêmes auteurs mentionnent aussi Schultz pour qui « la mélodie serait liée à la pensée et correspondrait plus aux instruments à vent ; l'harmonie aux sentiments et aux instruments à cordes ; le rythme à la volonté et aux percussions [17] ».

---

14. O.M. Aïvanhov, *La Musique*, p. 20.
15. O.M. Aïvanhov, *Création artistique et création sprituelle*, p. 77.
16. S.R. Winston, *Music as the Bridge*, p. 32.
17. J. et M.-A. Guilhot et autres, *La Musicothérapie et les méthodes nouvelles d'association des techniques*, p. 36.

De leur côté, les deux médecins et éducateurs Lozanov et Tomatis attachent une importance particulière au chant comme facteur d'apprentissage.

Tomatis insiste beaucoup sur l'importance de l'entraînement de la voix et sur la voix elle-même. Les personnes choisies pour faire les enregistrements au Centre du langage (Centre Tomatis) à Paris doivent avoir les qualités appropriées: « [Une voix] modulée, timbrée, riche en fréquences élevées[18]. »

Lozanov explique dans sa thèse que pendant le concert « le professeur doit être capable de moduler le ton et la hauteur de sa voix pour qu'elle soit en harmonie avec les caractéristiques particulières de la musique[19] ». C'est dire les connaissances musicales requises et le travail que le professeur doit avoir fait sur sa voix pour arriver à cette maîtrise.

De son côté, Lerède ne tarit pas d'éloges sur les prouesses vocales des professeurs, surtout féminins, de l'Institut. À son avis, du moins à ce qu'il a observé, aucun(e) suggestopède occidental(e) n'arrive à une telle maîtrise et à une telle subtilité. Il va même jusqu'à affirmer que la suggestopédie qui se pratique à Sofia « est une musique très subtile qui se joue sur les quarts et les huitièmes de ton, ces intervalles que ne perçoivent pas la plupart des oreilles occidentales[20] ».

Saféris et Lerède mentionnent que les étudiants chantent pendant les cours de suggestopédie, dans la langue étrangère, bien sûr. On leur fait aussi écouter des chansons.

Quant à la musique uniquement instrumentale des concerts, le tableau des œuvres que recommande Lozanov (voir le tableau 1, p. 124) nous apprend qu'il semble privilégier le violon et les cordes. Néanmoins, il ne néglige pas le piano et conseille aussi d'écouter d'autres instruments, comme la flûte et le clavecin.

---

18. A.A. Tomatis, *Éducation et dyslexie*, p. 142.
19. G. Lozanov, *Suggestology and Outlines of Suggestopedy*, p. 269.
20. J. Lerède, *Suggérer pour apprendre*, p. 198.

Certains auteurs, Klockner par exemple, utilisent une musique instrumentale ininterrompue tout le long de la leçon.

Mais toutes ces remarques ne concernent qu'indirectement l'influence du timbre. Le lecteur soucieux de rigueur s'en est sans doute rendu compte. Nous n'avons pas vraiment expliqué l'influence du timbre proprement dit, selon les définitions données plus haut, de l'Échevin et de d'Ormesson. La raison en est simple : les nombreux auteurs consultés ne mentionnent rien de plus précis.

Tableau 1
Programme musical de l'Institut de
Sofia, mai 1975 (Lerède, 1980, p. 194-196)

1er Dialogue

1. Haydn :	Symphonie 67 en *fa* majeur.
	Symphonie 68 en *si* majeur.
2. Corelli [21] :	Concerti grossi, op. 4, N°s 10, 11, 12[22].

2e Dialogue

1. Haydn :	Concertos pour violon et orchestre à cordes en *ut* majeur et en *sol* majeur.
2. J.S. Bach :	Symphonias pour clavecin en *ut* majeur et en *ré* majeur.

---

21. Précédés des chiffres 1., 2., et dans certains cas 3., les programmes indiqués pour chacun des dix dialogues correspondent respectivement aux œuvres diffusées pendant la séance active devenue première partie musicale (1.) et pendant la séance passive ou concert proprement dit [(2.) et éventuellement (3.)].

22. Dans son rapport à la conférence de l'U.N.E.S.C.O. à Sofia en décembre 1978, Lozanov indiquait la modification suivante au programme musical du 1er Dialogue :

1. Mozart :	Concerto pour violon et orchestre en *la* majeur et Symphonie N° 40 en *sol* mineur.
2. J.S. Bach :	Fantaisie en *sol* majeur.
	Fantaisie en *ut* mineur.
	Trio en *ré* mineur.
	Variation et Toccata en *mi* majeur

3. J.C. Bach: Symphonie en *sol* mineur.
   W.F. Bach: Symphonie en *ré* mineur.
   K.P.E. Bach: Symphonie N° 2 pour orchestre à cordes.

3ᵉ Dialogue

1. Mozart: Symphonies Haffner et Prague; Danses allemandes.
2. Haendel: Concerto pour orgue et orchestre en *fa* majeur, op. 4.
3. J.S. Bach: Choral et prélude en *la* majeur; Prélude et fugue en *sol* mineur.

4ᵉ Dialogue

1. Mozart: Concerto pour violon et orchestre en *la* majeur;
                Concerto N° 7 en *ré* majeur.
2. J.S. Bach: Fantaisie en *sol* majeur;
                Fantaisie en *ut* mineur et Trio en *ré* mineur;
                Variations canoniques et Toccata en *mi* majeur.

5ᵉ Dialogue

1. Beethoven: Concerto N° 5 en *mi* majeur pour piano et orchestre, op. 73.
2. Vivaldi: Cinq concertos pour flûte et orchestre de chambre.

6ᵉ Dialogue

1. Beethoven: Concerto pour violon et orchestre en *ré* majeur, op. 61.
2. Corelli: Concerti grossi, op. 6, Nᵒˢ 2, 8, 5, 9.

7ᵉ Dialogue

1. Tchaïkovsky: Concerto N° 1 en *si* mineur pour piano et orchestre.
2. Haendel: Water Music.

8ᵉ Dialogue

1. Brahms :   Concerto pour violon et orchestre en *ré* majeur, op. 77.
2. Couperin :   Le Parnasse et l'Astrée.
3. Rameau :   Pièces de clavecin, Nᵒˢ 1 et 5.

9ᵉ Dialogue

1. Chopin :   Valses.
2. Haendel :   Concerti grossi, op. 1, 2, 3, 4.

10ᵉ Dialogue

1. Mozart :   Concerto pour piano et orchestre N° 18 en *si* majeur;
Concerto pour piano et orchestre N° 23 en *la* majeur.
2. Vivaldi :   Les Quatre Saisons.

Prélude V

Peut-on évaluer la qualité des styles de musique ou de nos goûts musicaux ?

Nous abordons un sujet délicat et vaste. Aussi dois-je le partager entre le prélude V et VI. Entre nous, je n'ai d'autres prétentions que de réfléchir un peu avec vous sur ce sujet passionnant que je serai loin d'épuiser.

D'une certaine façon, je me tends un piège à moi-même. Jusqu'à maintenant et tout au long de ma recherche, comme il se doit, j'ai évité de porter des jugements de valeur sur la qualité des styles de musique. Comme il est normal quand on fait une recherche de ce genre, je me suis permis d'exprimer l'opinion de tel ou tel auteur, en insistant sur certains auteurs et certains aspects. Alors que maintenant, dans ce prélude, je dois montrer mes vraies couleurs. En réalité, je n'ai pas écrit ce livre pour porter des jugements de ce genre, mais plutôt pour faire comprendre jusqu'à quel point la musique, de bien des façons, agit sur nous. Toutefois, je ne peux me résoudre à vous quitter sans vous donner quelques balises, quelques points de repère, mieux même : une échelle, pour évaluer la qualité des styles de musique.

Vous aimerez mon échelle ou vous la rejetterez; ou bien vous voudrez la modifier, vous la trouverez désuète, incomplète, inexacte ou simpliste. Peu importe. Dans tous les cas, elle pourra vous être utile : elle vous permettra de voir plus clair en vous, de mieux vous situer, de mieux vous définir, et même d'établir votre propre échelle. Elle peut être un point de départ...

La musique est à ce point profonde qu'elle touche notre être le plus intime, des instincts les plus primitifs à la fine pointe de l'esprit. «Dis-moi quelle musique tu écoutes et je te dirai qui tu es»... Or, qui sommes-nous justement? Voilà la grande question, la seule grande question.

* * *

Les critères que je vous propose, sur lesquels nous fonderons notre échelle, viennent de données traditionnelles qui remontent à des millénaires. Mais ces données n'ont pas tellement changé de nos jours, pour la simple raison que la nature humaine n'a pas tellement changé, en dépit des apparences. Extérieurement oui, la planète entière a changé de visage. Les villes et les pays se sont transformés. L'industrie est apparue, puis l'ère post-industrielle, la technologie avec ses machines et ses appareils sans nombre. Les modes et plus profondément les mentalités ont évolué. La femme prend enfin peu à peu la place qui lui revenait, sauf dans certains pays figés par une dictature ou une religion archaïque. Après les religions antiques, l'Église s'écroulera-t-elle maintenant sous le poids de l'indifférence, de l'incroyance, de la contestation interne et externe, et du fourmillement des sectes, des nouvelles religions et des philosophies sans nombre?

Quoi qu'il en soit, l'être humain de l'Antiquité et celui d'aujourd'hui ont conservé cinq points de ressemblance évidente et indéniable. Nous avons tous un corps, un intellect, une sensibilité, une volonté et une tendance à croire que la vie s'arrête à la mort ou bien qu'elle se poursuit dans le monde mystérieux de l'invisible. Remontez des premiers balbutiements de la littérature, de la science et de la philosophie jusqu'aux auteurs, aux chercheurs et aux philosophes contemporains et vous constaterez que toute activité humaine peut se rattacher à l'un ou à plusieurs de ces cinq points. Or nous pouvons nous inspirer de ces cinq critères pour établir une échelle d'appréciation sérieuse. À mon avis, une telle échelle doit se fonder de préférence sur des valeurs stables, universelles.

Entre la passion du pouvoir chez Alexandre, César, Gengis Khan, Napoléon et Mao, on peut remarquer de frappantes ressemblances. Leur vie se résume en une pensée cohérente, une passion dévorante et les actes qui en découlent: c'est le triangle indestructible dont est formé l'être humain. On pourrait ainsi, avec ce triangle de l'intellect, du cœur et de la volonté, analyser efficacement bien des comportements, bien des vices et des vertus, bien des vies de personnages célèbres et d'illustres inconnus. Quant à la croyance en l'au-delà, elle date elle aussi de millénaires, quoique Athènes et Rome aient eu leurs athées bien avant ceux du XXe siècle.

Je vous propose donc l'échelle suivante, basée sur les cinq aspects ou niveaux énumérés, que nous mettrons en relation avec différents styles de musique.

I — Le niveau du physique

La musique de certains styles est plus terre à terre, plus matérielle, plus physique précisément, plus sensuelle, plus instinctuelle. Tels sont, par exemple, le rock, le jazz.

II — Le niveau de l'intellect

Certains styles de musique s'adressent particulièrement (je ne dis pas exclusivement) à l'intellect. L'exemple le plus typique est sans doute celui de la musique baroque, avec sa mesure régulière, mathématique. Des noms comme ceux de J.S. Bach et J.-P. Rameau nous viennent à l'esprit.

III — Le niveau du cœur (les sentiments)

D'autres styles de musique sont de nature à éveiller en nous divers sentiments de joie, de tristesse, de compassion, de solitude… Telle est, par exemple, la musique romantique. On pense à Beethoven, Mendelssohn, Chopin…

IV — Le niveau de la volonté

Il ne fait aucun doute que certaines musiques nous portent à l'action ou à l'inaction. Mais ici, il me paraît difficile de trouver un style typique. En théorie, tout style de musique peut porter à l'action ou à l'inaction, mais à divers degrés. Il faudrait analyser aussi la nature des actes ou des comportements ainsi provoqués.

V — Le niveau de l'âme ou de l'esprit

Nous arrivons au niveau le plus élevé de notre échelle. Croyants ou incroyants, spiritualistes ou agnostiques admettront sans doute l'existence de ce que certains appellent la «fine pointe de l'esprit», qui se situe au-delà des niveaux précédents. L'intellect analyse, raisonne, discute, établit quantité de liens et réussit même des synthèses remarquables. Le cœur ressent des émotions, permet d'aimer des êtres chers ou une noble cause. La volonté cherche à passer aux actes, à réaliser quelque chose. Mais le domaine spirituel dépasse les autres en ce qu'il comprend, ressent et agit de façon plus globale, plus profonde et plus intérieure.

Quand on parle de monde spirituel, il s'agit évidemment de l'aspect le plus difficile à évaluer, parce qu'on entre dans le domaine du subjectif, à moins de se rattacher à une école de pensée, à une religion, ce qui n'est pas mon intention ici. Je n'ai d'autres prétentions pour l'instant que de suggérer quelques idées qui évoquent le monde spirituel, dans un sens assez large.

Je ne crois pas qu'on puisse dire que tel style de musique exerce un monopole sur la communication avec le monde spirituel. S'il est bien connu que la musique de A. Vivaldi ou de J.S. Bach attire les spiritualistes, on peut en dire tout autant de la musique de Haydn et de Mozart, de la musique romantique de Beethoven et de Schumann ou de la musique de Ravel.

Enfin, certains compositeurs, certains penseurs ont parlé de la musique des sphères, celle qui s'entendrait dans le silence, dans une sorte d'extase métaphysique.

D'après eux, c'est la musique dans son expression la plus subtile, la plus sublime, la plus pure, la plus totale. Des compositeurs, parmi les plus grands, s'en seraient inspiré, des philosophes, des mystiques, parmi les plus célèbres, l'auraient entendue. Mais nous arrivons au dernier degré de notre échelle. J'avoue que je suis à bout de souffle. Je ne peux que vous laisser à vos réflexions, à votre méditation, avant de vous retrouver pour la suite de ce sujet, au prélude VI.

À moins que vous ne préfériez lire les quelques pages du chapitre V, qui analyse l'influence des dimensions complexes de la musique (les styles de musique, l'ambiance que crée la musique).

Chapitre V

L'influence des dimensions complexes de la musique

De la musique avant toute chose...

Verlaine, *Art poétique*

Trois dimensions simples de la musique : hauteur, durée, intensité ont une influence sur l'apprentissage, à divers degrés et de diverses façons, selon les auteurs que nous avons étudiés. Qu'en est-il alors de l'influence des dimensions complexes ?

Au début du troisième chapitre, dans la présentation du cadre conceptuel, nous avons relié les dimensions complexes à l'organisation ou au fonctionnement ou à l'agencement des éléments simples. Puis nous avons donné comme exemple de dimensions complexes les styles et les formes de musique (baroque, concerto...) et l'ambiance générale qui se dégage de l'audition d'une œuvre (gaieté, calme...).

Les styles et les formes de musique

Nous avons effleuré nombre des composantes des styles et des formes de musique en traitant des dimensions simples. En effet, les dimensions simples et complexes de la musique sont fusionnées, comme le sont dans l'organisme humain les différents systèmes (nerveux, respiratoire, sanguin...). Cependant, il importe de reprendre certains points pour aller plus loin dans notre analyse et aussi de toucher à quelques nouveaux points.

Remarquons au départ que peu d'auteurs, quel que soit leur domaine, recommandent le jazz ou le rock comme style de musique. Certains types de rock notamment semblent plutôt nocifs. La musique contemporaine a peu de défenseurs, surtout celle dans laquelle on retrouve beaucoup de dissonances. La musique populaire et plus encore la musique folklorique trouvent par contre des défenseurs.

Tomatis, comme nous l'avons vu, utilise les concertos de Mozart. Pour lui, Mozart semble être le compositeur universel, idéal pour faciliter l'apprentissage. Mais il utilise aussi Vivaldi. Nous avons également vu que Tomatis fait entendre et répéter des chants grégoriens, en raison de leur rythme lent et de leurs fréquences élevées.

Aïvanhov déconseille l'audition du jazz, qu'il qualifie de musique ordinaire. Quand on écoute cette musique, dit-il, « on devient un peu fou ». « Cette musique excite[1] », ajoute-t-il. De même, il déconseille certains types de musique contemporaine qui apportent « la démolition totale de l'être humain[2] », qui déchirent le système nerveux. Par contre, il suggère l'écoute de chants folkloriques, surtout les tyroliennes, à cause de leur fraîcheur. Il recommande aussi l'audition des grandes œuvres classiques, comme celles de Mozart, et romantiques, comme celles de Beethoven, de Paganini et d'autres compositeurs, qu'il s'agisse de musique instrumentale ou vocale. Il réserve une place de choix à la musique chorale, en particulier aux chants initiatiques bulgares de Peter Deunov. Selon lui, par l'audition, et surtout par la pratique de ces chants harmonieux aux vibrations particulières, l'être humain peut faire un grand travail de perfectionnement intérieur.

Staum a utilisé des extraits de cinq marches pour traiter des sujets atteints d'infirmités motrices *(gait disorders)*. Par ailleurs, Hanser, Larson et autres ne semblent pas privilégier de formes ou de styles particuliers, s'en remettant plutôt aux préférences musicales des sujets, des femmes enceintes.

Lecourt recommande Bach, Vivaldi, Mozart... et toutes les musiques de folklore, les chants populaires, les

---

1. O.M. Aïvanhov, *La Musique*, p. 7.
2. O.M. Aïvanhov, *Création artistique et création spirituelle*, p. 93.

berceuses. Duhamel recommande la musique classique, dans le sens général du terme.

L'Échevin mentionne qu'en musicothérapie, les procédés d'utilisation de la musique diffèrent selon les écoles et les pays. Ils sont généraux s'ils utilisent la musique comme élément essentiel. Ils peuvent aussi être individuels ou collectifs (thérapie de groupe). Enfin, ils peuvent surtout être actifs ou passifs. En France, c'est la méthode appelée passive individuelle qui est la plus utilisée. Cette méthode admet au point de départ que tout style de musique (classique, contemporaine, folklorique, jazz, pop, ethnique) peut être utilisé pour autant qu'il suscite une réaction émotionnelle ou une catharsis. Cependant l'Échevin, médecin et musicien lui-même, semble préconiser plutôt les œuvres baroques, classiques, romantiques et certaines œuvres modernes (Haendel, Mozart, Tchaïkovski, Fauré, Debussy, Mahler...).

En suggestopédie, on diffuse différents styles de musique pendant la leçon. À part le concert proprement dit, on fait entendre entre autres des chants folkloriques, populaires, que les étudiants peuvent reprendre en chœur. Riegler utilise une musique romantique, baroque ou populaire durant la leçon.

Bagriana Bélanger suggère d'utiliser des chansons rythmées et des marches militaires. Selon elle, les pièces musicales aux motifs contrastants traduisant des conflits intérieurs ne doivent pas figurer au programme. La musique, dit-elle, doit suggérer l'équilibre intérieur.

Gassner-Roberts, dans un cours d'allemand qui a obtenu un grand succès, a fait entendre de la musique électronique de Steve Halpern à ses étudiants, pour les inciter à la détente. Cependant, les étudiants ont indiqué dans un questionnaire qu'ils n'avaient pas apprécié cette musique. Ils lui préféraient une musique « d'atmosphère » (environmental music).

Durant le concert, c'est la musique baroque qu'on utilisait à l'origine, à l'Institut de Sofia. Par la suite, Lozanov a introduit la musique classique et romantique.

Saféris et Lerède préconisent l'utilisation alternative de la musique classique ou romantique, puis baroque, dans le concert divisé en deux parties. Tel est l'usage aussi au Centre d'enseignement des langues du Canadien Pacifique. Lerède fait quand même remarquer que la musique baroque est, selon les expériences de l'Institut, la plus apte à créer l'état de pseudo-passivité. Le jazz, la musique moderne ne sont pas, sauf exception, à recommander selon lui.

Cependant, Schuster et Mouzon, Donovan, Paschall et Whitcare, Phillips et bien d'autres utilisent uniquement la musique baroque durant un concert constitué d'une seule partie.

Comme on le voit, les opinions diffèrent chez les auteurs, relativement aux styles de musique à utiliser, mais en général ils ont tendance à recommander plutôt la musique baroque, classique, romantique, populaire et folklorique. Ils parlent beaucoup moins du jazz, du rock et de la musique contemporaine, surtout quand cette dernière est très dissonante.

L'ambiance que crée la musique

En ce qui concerne l'ambiance générale que certains styles de musique tendent à créer, les auteurs semblent plus avares de commentaires. Cela tient peut-être aux divers sens du terme ambiance.

Dans la présentation des dimensions de la musique au chapitre III, nous avons indiqué que le concept ambiance vient de la musicothérapie. Il est en effet possible de traduire le terme anglais *mood* par ambiance, dans le sens d'ambiance générale qui se dégage de l'audition de telle musique. Par exemple, la musique baroque, comme Klockner et Thomas le mentionnent, peut créer ou aider à créer une ambiance, une atmosphère de calme. Une musique classique comme celle de Mozart peut créer une atmosphère de gaieté. L'ambiance ainsi créée serait quelque chose d'extérieur aux personnes, au groupe, comme s'il s'agissait d'un phénomène physique, acoustique. Cette ambiance serait le résultat de la diffusion de certaines vibrations.

Toutefois, il existe une autre acception, un autre sens du terme *mood*. J. et M.-A. Guilhot et autres parlent du pouvoir affectif de la musique. Ainsi expliquent-ils que, selon divers auteurs, la musique détermine «un changement de l'état affectif existant[3]». Or le *mood* peut justement être cet état affectif.

La définition du concept *mood* ou état affectif déborde le cadre des dimensions complexes et relève plutôt des caractères ou des propriétés de l'influence de la musique qui seront étudiés au chapitre VI.

Quant au premier sens du terme *mood*, signifiant ambiance générale, dans un sens plutôt physique, les auteurs consultés n'y font pas allusion.

J. et M.-A. Guilhot et autres, parlant des objectifs de la musicothérapie, utilisent le mot climat que crée l'audition de la musique. Ils parlent ainsi du «climat de sécurité, d'apaisement, de détente qui incite le sujet à [s']exprimer spontanément[4]».

Ils parlent également du «climat de dialogue et d'échange[5]» que suscite la musique. Le mot climat peut représenter un troisième sens du terme *mood*. Ainsi, la musique baroque, selon Lozanov, Lerède et d'autres, créerait un climat ou une ambiance de calme. Mais ce troisième sens est très voisin du deuxième et il ne paraît pas utile de le distinguer.

---

3. *Op. cit.*, p. 42.
4. *Ibid.*, p. 15.
5. *Ibid.*, p. 15.

Prélude VI

Peut-on évaluer la qualité des styles de musique ou de nos goûts musicaux ? (suite)

Je vous ai laissé à la fin du prélude V avec une échelle formée de cinq niveaux ou critères pour évaluer la qualité des styles de musique. Au premier échelon, on trouve le niveau du physique, au deuxième le niveau de l'intellect, puis viennent le niveau du cœur (les sentiments) et de la volonté, l'échelon final représentant l'aspect spirituel.

Vous êtes maintenant juge de cette échelle. Bien qu'elle ait cinq degrés distincts, chaque degré peut se subdiviser en plusieurs autres et tous les degrés sont reliés les uns aux autres. Il n'y a pas vraiment de cloison d'un degré ou d'un aspect à l'autre et il peut y avoir interaction des aspects. Par exemple, le jazz n'est pas seulement du niveau physique; de même, la musique romantique ne touche pas uniquement le cœur. Mais vous avouerez, même si vous n'êtes pas musicologue, que certains styles ont une nette affinité pour un échelon donné, même s'ils en débordent parfois.

À ce sujet, le rock and roll, dont je parle assez peu dans cet essai, serait extrêmement intéressant à étudier. Au départ, l'étymologie ou l'analyse du terme nous renseigne sur la nature de cette musique. Le mot «rock» a un double sens. Le verbe peut signifier secouer, ébranler, balancer, et le nom peut signifier roc, rocher. «Roll» peut signifier rouler des hanches. Ces trois sens révèlent bien la nature de cette musique: elle est très matérielle, très proche de la terre et elle peut être très dure, ses pulsations peuvent ressembler aux coups de marteaux sur le roc; elle peut être agitée, déchaînée, proche de l'instinct sexuel, c'est la musique des fauves. Bien sûr, il existe maintenant une grande variété de rocks, les unes assez inoffensives, les autres, comme le hard rock ou le heavy rock, assez traumatisantes pour provoquer à la longue des comportements inquiétants chez un individu ou une foule. Mais il est douteux qu'avec quelque type que ce soit de rock, on puisse s'élever très haut dans notre échelle.

De même le jazz, d'origine afro-américaine, tire souvent sa source dans les pulsions instinctuelles, dans les chants et les danses primitives. Quoique, encore là, sans être un connaisseur de ce style de musique, je crois pouvoir dire qu'il existe des œuvres légères tout à fait propices à la simple détente. Il m'arrive d'en jouer pour m'amuser. Au reste, doit-on rejeter les instincts? Ce serait la fin de l'humanité, du moins dans sa forme actuelle. Le rock et le jazz ont sans doute leur place, mais je crois que c'est une question d'utilisation, de dosage et surtout une question de conscience, de vigilance. Pour le rock, on peut aussi surveiller le volume des œuvres écoutées. D'aucuns ont tendance à mettre ce volume démesurément fort, ce qui devient assourdissant.

À côté du rock et du jazz, écoutez un concerto ou une symphonie de Mozart: voilà une musique beaucoup plus subtile, plus complète, plus nourrissante, plus substantielle. Elle s'adresse non seulement aux sens mais aux quatre autres principes dont nous sommes composés: l'intellect, le cœur, la volonté et l'âme (ou l'esprit). Avec une œuvre de Mozart et bien d'autres œuvres classiques, on peut faire sur soi-même un travail sur tous les plans, ce sont des trésors inépuisables.

Bien à regret, je dois mettre un point final à ce prélude que je voulais bref. Je me rends compte maintenant qu'il y aurait matière pour un livre sur le seul sujet des préludes V et VI. Je n'ai pas parlé, par exemple, des trésors du folklore, des richesses du populaire, de ce qu'on appelle parfois le « semi-classique », de la musique contemporaine, jungle où se cachent des colombes...

Et si l'on parlait de musique dans un sens très large, je pourrais même ajouter que je ne vous ai pas non plus soufflé mot des musiques naturelles. Je ne vous ai rien dit du chant harmonieux de la mer, véritable thérapie en lui-même, du gazouillis des ruisseaux, de celui des oiseaux, de la symphonie apaisante des insectes, de la valse euphorique du feu, du murmure secret du vent dans les feuilles... Hélas! nous avons passé sous silence cette harmonie de la nature qu'on oublie souvent d'écouter, mais qui peut elle aussi nous combler ou nous guérir...

* * *

Mais j'aimerais vous poser une ou deux questions avant de vous donner rendez-vous au prochain prélude. Quelle musique VOUS faut-il pour mieux vivre? Et d'après vous, de quelle musique le monde actuel a-t-il besoin? Une musique surtout matérielle, surtout intellectuelle? À chacun de répondre. Ma réponse personnelle est claire: sans rejeter les deux premiers échelons, je crois que le monde actuel a surtout besoin d'une musique en affinité avec le cœur (le sentiment) dans le sens le plus noble du terme, et aussi de musique en affinité avec le monde spirituel. En ces temps matérialistes, troublés, en ces temps de guerres incessantes et de violence sous toutes ses formes, ce n'est pas tant d'amour physique, d'amour facile, que nous avons besoin. C'est un amour plus subtil, un amour désintéressé (à distinguer d'un amour sans intérêt, sans passion), un amour altruiste qu'il nous faut.

C'est ainsi que la musique peut nous aider à évoluer... ou à piétiner, peut-être même à régresser, si l'on écoute n'importe quoi. Nous sommes libres, terriblement libres. À côté du simple plaisir d'écouter ou de jouer de la musique, qui a sa valeur en soi, il y a d'autres points de vue à considérer.

Dans le dernier prélude, je vous dirai un mot de la liberté et de la musique. Je vous parlerai aussi, à partir d'exemples concrets, des inépuisables cadeaux que la musique peut nous donner. Mais pour l'instant, sortons du bistrot ou du salon où l'on cause tout bonnement et revenons un moment à la cuisine de la recherche, qui nous permettra de comprendre d'autres aspects de l'univers musical.

Chapitre VI

Les caractères ou les propriétés de l'influence de la musique

Qu'elle me soit donnée au concert, au théâtre ou à l'église, j'aime la musique des maîtres, elle est, pour moi, de toutes les nourritures spirituelles, la plus désirable et la plus nécessaire, celle qui répond le mieux aux besoins les plus secrets.

* * *

La musique nous délivre des fausses conversations qui ne sont que du bavardage. Elle nous délivre de nous-mêmes en nous introduisant dans la société des grandes âmes.

Georges Duhamel, *La Musique consolatrice*

Dans l'étude des caractères de l'influence de la musique, il s'agit de déterminer les caractéristiques, ou si l'on veut les particularités, les propriétés, les qualités de l'influence. Telle musique pourra être apaisante, excitante...

* * *

Son pouvoir affectif

Des auteurs en musicothérapie ont déjà fait des recherches sur le pouvoir affectif de la musique qui peut engendrer différents états intérieurs ou états d'esprit. Nous examinerons leurs conclusions et nous jetterons un coup d'œil sur les écrits des auteurs étudiés qui ont travaillé dans d'autres domaines, en particulier en suggestopédie.

J. et M.-A. Guilhot et autres font remarquer que ce sont les Américains qui ont le plus étudié le pouvoir affectif de la musique. Selon ces auteurs, les recherches et les publications de Schoen et Gatewood en 1927, Hevner en 1936, Capurso en 1952 et puis Cattell en 1953 ont permis d'établir statistiquement les données fondamentales dont nous donnons ici un résumé:

a) La musique provoque un changement de l'état affectif existant. L'effet principal d'une œuvre musicale est constant d'une audition à l'autre (il y a eu expérience, test-retest).

b) Les réponses affectives à une œuvre musicale donnée sont uniformes chez la grande majorité des sujets.

Ainsi la musique incite de façon particulière à la détente, mais également à la tristesse, à la joie... (Remarquons que les œuvres utilisées dans ces expériences étaient des pièces classiques et populaires du début du siècle).

c) Ces réponses affectives sont le résultat d'un ensemble de facteurs dont les plus importants sont le tempérament, l'éducation et l'œuvre musicale elle-même.

J. et M.-A. Guilhot et autres y ajoutent avec Francès[1] le contexte socio-culturel. Par ailleurs, ils mettent en doute l'observation suivante des chercheurs américains: l'état affectif préexistant ainsi que l'attitude du sujet concernant le type de musique qu'il écoute joueraient un rôle mineur.

d) Le rôle de la familiarité du sujet avec l'œuvre est plus grand dans le cadre d'une éducation musicale faible, et il intervient notamment dans l'intensité du plaisir éprouvé.

(Cela voudrait dire qu'une personne ayant une éducation musicale rudimentaire devra entendre une œuvre plusieurs fois avant d'éprouver un plaisir assez intense. La personne qui a une solide formation musicale pourra vibrer de façon plus spontanée à une œuvre, dès la première audition).

Deux grandes recherches scientifiques sur l'influence de la musique: Max Schoen (1927) et A. Capurso (1952)

C'est Max Schoen qui fut l'initiateur de ce genre de vaste enquête ou recherche. Même s'il a fait ses recherches il y a plus d'un demi-siècle, nombre de ses observations demeurent très intéressantes et il semble que certains de ses tableaux ou grilles d'analyse peuvent être réutilisés.

Il a publié le résultat de ses recherches dans un livre intitulé *The Effects of Music* (1927). Celui-ci se divise en

---

1. J. et M.-A. Guilhot, *La Musicothérapie et les méthodes nouvelles d'association des techniques*, p. 43.

six sections : les types d'auditeurs de musique ; les sources du plaisir musical ; « les effets affectifs » ou le pouvoir affectif de la musique (*the mood effects of music*) ; les effets organiques de la musique ; les effets de la répétition et de la familiarité ; les effets de la musique autres qu'auditifs et organiques. La deuxième et la troisième sections nous concernent particulièrement.

Dans la deuxième section, il reproduit une liste des caractéristiques de la musique. Cette liste permet de caractériser l'influence de la musique sur l'auditeur. Nous avons numéroté chaque élément pour pouvoir les commenter s'il y a lieu, et nous avons subdivisé le tableau en sections A, B, C, D, E, F. On peut constater que ce sont les sections B, C et D qui sont les plus appropriées pour notre recherche. La liste de Schoen est reproduite au tableau 2 à la page suivante.

Par exemple, le numéro C 11 concerne la pensée logique. L'auteur explique ainsi cet élément : jusqu'à quel point l'extrait musical a procuré une aide à la pensée logique de l'auditeur (par exemple, aider à la solution de problèmes), a servi à éclairer les grandes lignes d'une discussion… Onze éléments, de D 12 à 22, décrivent le pouvoir affectif de la musique. Par exemple, D 14 concerne la joie : l'auditeur doit indiquer si l'extrait lui fait ressentir du bonheur, de l'euphorie. Les éléments E 23 à 26 concernent le rythme, la mélodie, l'harmonie et le timbre. L'auditeur doit ici indiquer dans quelle mesure chacune de ces composantes a contribué au plaisir musical.

Dans la troisième section de son livre intitulée le pouvoir affectif de la musique, Schoen présente des données de son enquête : 20 000 tableaux des effets ont été étudiés ; 290 œuvres musicales vocales et instrumentales ont été retenues. Les résultats indiquent qu'une œuvre, en général, ne produit pas seulement un changement de l'état d'esprit de l'auditeur, mais que l'effet obtenu est le même chez la majorité des auditeurs, à un degré frappant.

Tableau 2
Les effets de la musique (Schoen, 1927, p. 82)

Effet dominant

A
- 1 .... Titre
- 2 .... Numéro de catalogue

B
- 3 .... familier
- 4 .... plaisant
- 5 .... déplaisant
- 6 .... intéressant
- 7 .... ennuyeux

C
- 8 .... action
- 9 .... mémoire
- 10 .... imagination, fantaisie
- 11 .... pensée logique

D
- 12 .... repos, tranquillité
- 13 .... tristesse
- 14 .... joie
- 15 .... amour, tendresse
- 16 .... nostalgie
- 17 .... divertissement
- 18 .... dignité, majesté
- 19 .... patriotisme, excitation
- 20 .... vénération, dévotion
- 21 .... dégoût
- 22 .... irritation

E
- 23 .... rythme
- 24 .... mélodie
- 25 .... harmonie
- 26 .... timbre

F
- 27 .... technique de l'artiste
- 28 .... qualité du disque lui-même
- 29 .... évaluation de la qualité
  générale
  remarques

Ces résultats sont d'autant plus sérieux, poursuit l'auteur, que les données ont été collectées dans l'ensemble des États-Unis. Les auditions ont été faites dans des conditions variées de temps et de lieu, tôt le matin jusqu'à tard le soir et dans des lieux aussi divers qu'une station de police ou une église, par exemple. Les auditeurs comprenaient des personnes de formation musicale variée, qu'il s'agisse du facteur de l'expérience, de l'âge ou des goûts.

D'un autre côté, A. Capurso, directeur de la Faculté de musique de l'Université du Kentucky, a mené en mars 1948 une autre recherche d'envergure, rapportée au chapitre IV du livre intitulé *Music and your Emotions*. Cette recherche avait pour but de tester le pouvoir affectif de certaines œuvres. Dans ce chapitre IV, Capurso présente une liste des œuvres qui suscitent les réponses les plus fortes. Cent trente-quatre étudiants en musique et professeurs de musique ont participé à la sélection de 105 œuvres. Capurso a administré le test à 1 077 étudiants non musiciens. Certaines œuvres ont été testées auprès de 700 étudiants, alors que d'autres l'ont été auprès de moins de 100 étudiants. Après l'audition d'un extrait (qui ne durait généralement que de trois à quatre minutes), l'étudiant indiquait laquelle des six catégories suivantes il choisissait pour décrire les effets de l'œuvre.

A. Heureux, gai, joyeux, stimulant, triomphant.
B. Agité, non reposant, irritant.
C. Nostalgique, sentimental, apaisant, méditatif, relaxant.
D. Pieux, respectueux.
E. Triste, mélancolique, désolant, déprimant, solitaire.
F. Sinistre, étrange, grotesque.

Les résultats de cette enquête font l'objet de 25 pages de tableaux. Il n'entre pas dans le cadre de notre recherche de les présenter et de les analyser. Cependant, l'exemple suivant donnera une idée de la manière dont se présentent les résultats. Une sérénade de Schubert, œuvre classée dans la catogorie C, a suscité une émotion mesurée à 72 % (intensité moyenne de la réaction chez les auditeurs). De plus, 70,6 % d'entre eux étaient d'accord pour ranger cette œuvre dans la catégorie C. Les tableaux retiennent 67 œuvres caractéristiques parmi les 105 sujets testés. De ces 67 œuvres retenues, 28 figurent dans la catégorie A (Heureux...), 14 dans la catégorie C (Nostalgique...) et 10 dans la catégorie D (Pieux...).

Plus récemment, L'Échevin mentionne que la musicothérapie distingue, par ordre de progression, l'apaisement, la détente et la relaxation, chaque degré étant relié à un type de musique. Voici quelques exemples:

   a. *musique apaisante*: très rythmée et forte en intensité;

      ex.: Schubert, extrait de Rosamunde;

   b. *musique de détente*: musique calme, à mouvements amples qui facilitent les rythmes cardiaques et respiratoires;

      ex.: Paganini, 4e concerto pour violon et orchestre;

   c. *musique de relaxation*: musique neutre en affect, monotone, sans pulsions sonores;

      ex.: Fauré, op. 48, Introït du Requiem.

Cette dernière classification permet de constater l'évolution, pour ainsi dire, de la recherche sur le pouvoir affectif de la musique, vers une plus grande subtilité et une plus grande précision.

Notons que le pouvoir affectif de la musique est relié à l'apprentissage, au comportement et à la santé. Et cela pour diverses raisons. Le concept d'apprentissage, tel que nous l'avons défini dans le deuxième chapitre, inclut l'idée «d'une nouvelle réponse, émotion...» Lozanov, Lerède et nombres d'autres auteurs en suggestopédie parlent de l'effet relaxant de la musique, surtout de la musique baroque. Ils parlent aussi de la joie ou du plaisir reliés à l'apprentissage, condition essentielle pour qu'il y ait suggestopédie et hypermnésie. Pour les suggestopèdes, la musique s'avère un moyen pour mieux apprendre.

Dans ce même deuxième chapitre, nous avons signalé le lien étroit qui existe entre l'apprentissage et le comportement. Enfin, toujours dans ce deuxième chapitre, nous avons vu que la santé peut être physique ou mentale. Or une musique déprimante peut causer, selon les recherches de Capurso, un état voisin de la dépression, du moins momentanément.

Prélude VII

Les inépuisables cadeaux
de la musique
ou comment travailler
avec la musique

Avant de vous parler des cadeaux que peut nous donner cette grande dame, j'allais dire cette déesse appelée Musique, j'aimerais vous suggérer d'écouter quelques œuvres. Je vais vous parler de mes goûts, sans être exhaustif, des impressions et des effets que j'ai ressentis en écoutant certaines œuvres. Je vais puiser dans mon expérience personnelle, dans un petit répertoire que je me suis monté au fil des ans, comme vous avez certainement su le faire.

* * *

Quand j'ai rédigé mon mémoire, qui a donné ce livre au bout du compte, j'écoutais souvent les neuf arias de Mozart qu'interprète l'extraordinaire cantatrice Kiri Te Kanawa. Était-ce cette voix cristalline combinée à la légèreté, à l'entrain des mélodies, qui m'aidaient dans mon travail? Cette musique me soutient dans un travail intellectuel, mais aussi elle me console des petites misères de la vie quotidienne et me réconforte même. La musique consolatrice, comme l'appelle le Dr Georges Duhamel, la musique apaisante existe bel et bien. Dans cette veine, je ne me lasse pas d'écouter le célèbre *Canon* de Pachelbel, l'*Adagio* d'Albinoni, la trop brève *Valse triste* de Sibelius et le merveilleux *Concerto pour piano, violon, violoncelle et orchestre* de Beethoven (surtout le deuxième mouvement, le largo). Dans un autre ordre d'idées, la harpe, le violoncelle et à un degré moindre peut-être la flûte, semblent presque faits pour consoler, apaiser, comme il existe des personnes sur cette terre, fort heureusement, qui jouent ce rôle spontanément.

À cette même période et dans les mêmes circonstances, j'écoutais souvent les concertos N°s 1, 2 et 4 pour violon et orchestre, de Paganini. La virtuosité du violoniste, la puissance de l'orchestre disposaient mon cerveau à travailler avec acharnement. Dans la fièvre du travail intellectuel, j'ai écouté ces arias de Mozart et ces concertos de Paganini des dizaines de fois, parfois deux ou trois fois dans la même soirée, sans jamais m'en lasser, et en constatant qu'ils avaient sur moi une action toujours semblable. Chose curieuse, l'année suivante, ma femme, qui faisait aussi un mémoire, a écouté les mêmes œuvres et constaté sur elle des effets similaires.

Dans le même contexte d'études, de recherche et de rédaction, j'ai écouté bien d'autres pièces, comme *Les Quatre Saisons* de Vivaldi, des concertos de Mozart, de Beethoven, de Tchaïkovsky, et j'ai observé, à un degré moindre je crois, des effets semblables.

En ce qui concerne les styles de musique, j'ai une préférence pour les romantiques, que j'aime à peu près tous, jusqu'à Liszt, Brahms et Scriabine. Il y a quelques années, je faisais jouer interminablement les *Dix-Sept Variations sérieuses* de Mendelssohn, qu'interprétait au piano l'admirable Rena Kyriakou. C'est une musique divine, qui s'apparente à celle de Chopin. Par ailleurs, bien que j'aime la musique baroque, je me méfie un peu d'elle, parce que je suis un peu trop porté, comme bien des gens de notre époque, à développer l'intellect au détriment du cœur. Cela ne m'empêche pas d'en écouter et d'en faire quand même passablement. Pour ce qui est des modernes, j'aime bien Ravel, Debussy, Frank et Sibelius. J'adore aussi écouter nos compositeurs québécois Gagnon, Dompierre et Léveillée (ce dernier dans ses œuvres pour piano, qu'il interprète lui-même). Je trouve nos compositeurs beaucoup plus originaux que certains ne le laissent entendre.

Mozart et Chopin sont mes compositeurs préférés.

C'est sans doute matière de goût, mais je crois que ce sont les plus grands poètes de la musique. Quel raffinement, quelle subtilité, mais aussi quelle élévation! Mozart me transporte dans un monde de lumière, de joie, et ces deux compositeurs me donnent le goût d'aimer. Mais j'admets que certaines pièces de Chopin sont troublantes, parce qu'elles nous font traverser des régions brumeuses. Attention à ces régions: on peut y échouer sur des récifs... J'aime beaucoup J.S. Bach et Beethoven, au sujet desquels les musicologues ont presque tout dit. Mais quand on cherche la profondeur dans le premier cas et la puissance, la compassion dans le second, où trouver mieux?

Chez les chansonniers, je ne crois pas que Félix Leclerc ait été dépassé, ni au Québec, ni dans le monde francophone. Leclerc touche, remue, dès ses premières paroles, dès ses premiers accords. C'est un musicien naturel, si l'on peut dire, un grand poète et un interprète hors pair misant sur la richesse de son timbre, la chaleur de sa voix, la sobriété de son jeu et sa profonde sensibilité.

En ce qui a trait aux formes de musique, je préfère les concertos pour violon et orchestre ou bien piano et orchestre. Le dialogue qui s'établit entre l'instrument et l'orchestre est on ne peut plus vivant. Certains opéras de Mozart, de Verdi et d'autres m'enchantent, mais j'ai rarement le temps hélas! d'écouter un opéra entier. Je me rabats alors sur des extraits, de préférence ceux qui mettent en vedette des sopranos et des ténors. Les chœurs, par exemple ceux du *Messie* de Haendel, des *Quatre Saisons* de Haydn, m'émeuvent profondément. Comme les sopranos et les ténors, les chœurs ont souvent sur moi un pouvoir revigorant: les premiers m'invitent à me tenir dans les hauteurs et les derniers m'entraînent au dépassement par leur puissance. Généralement plongé dans toutes sortes d'activités, essayant d'éviter les excitants artificiels (genre café), je recherche d'habitude des musiques stimulantes durant la journée

167

(quand j'ai la chance d'en écouter), sauf au repas, synonyme et paronyme de repos. Tard le soir, j'opte pour une douce mélodie ou une apaisante harmonie.

* * *

Avouons que tous ces effets, ces pouvoirs mystérieux de la musique sont de nature, quand on commence à les maîtriser, à nous aider efficacement à vivre. Stimulation, détente, affection, consolation, harmonisation, et j'en passe, sont autant de cadeaux que la musique me donne, que la musique nous donne. Mais on reçoit de la musique dans la mesure où on lui donne. Si on lui donne du temps, de l'énergie, de la patience, de l'amour, de l'argent parfois, elle sait bien nous les rendre, sous une forme ou sous une autre.

Combien de fois je rentre à la maison à une heure assez tardive le soir, après une très longue journée de travail. Je dois résister au désir de prendre un bain et de me coucher immédiatement après. Je m'installe au piano ou je prends mon violon ou quelquefois une simple flûte à bec que j'ai commencé à taquiner de temps en temps, et après quelques minutes, une partie de la fatigue de la journée s'envole et fait place au bien-être, sinon à la passion, à la merveilleuse passion de la musique. Souvent je dois lutter contre la tentation de prolonger les exercices jusque tard dans la nuit.

Quand on joue d'un instrument, on commence toujours par travailler les pièces avec le corps et le cerveau. C'est d'abord l'intellect qui entre en jeu. Il analyse, compte froidement, veut comprendre. Puis, la mémoire ou, mieux, les mémoires interviennent: la visuelle, l'auditive, la digitale. Et si l'on persiste à travailler, si l'on est en affinité avec la pièce et si on a l'âme un peu musicienne, subitement la pièce descend dans la région du plexus solaire, là où la femme porte l'enfant, là où l'être humain ressent profondément la vie, l'émotion. Et on a alors l'impression de vivre intensément, peut-être doublement, de communiquer avec l'âme de l'œuvre, dans la mesure où l'on s'est préparé à cette communication d'un ordre supérieur.

Le seul fait de devoir se concentrer mentalement et de donner physiquement le maximum de soi-même (la plupart des instruments sont très exigeants physiquement), oblige le corps et l'esprit à oublier les idées noires et les petits bobos de la journée. Et voilà l'un des effets thérapeutiques de la musique. Essayez, vous m'en donnerez des nouvelles!

* * *

Il y a la musique que j'écoute, il y a celle que je fais, mais il y a aussi celle que je rêve de faire. Il y a aussi ce rêve impossible à réaliser, de jouer parfaitement telle pièce de Chopin, de Mozart ou de Bach. Les rêves ont leur utilité, tant qu'on n'en abuse pas. Si ce rêve permet de travailler fort, de développer des qualités, de se transformer, d'éprouver des sensations et des émotions intenses, de connaître un peu l'âme des génies (je ne vous ai encore rien dit: la musique est aussi du domaine de l'indicible...), ne croyez-vous pas que ce rêve est souhaitable?

* * *

À ceux qui disent: «Je n'aime pas la musique classique et tout ce qui y ressemble.»
Ceux qui n'aiment pas la musique classique aiment sans doute le rock ou le jazz ou le populaire ou je ne sais quel autre style de musique. En principe, je n'ai rien contre, à la condition de rester vigilant. Mais pourquoi s'y limiter? La musique «classique», dans le sens le plus général du terme, renferme des trésors inouïs. Pourquoi ne pas chercher à y puiser?

À ceux qui disent: «Je n'aime pas la musique classique, donc je n'en écoute pas», je ferai remarquer qu'ils se placent dans le cercle vicieux suivant: moins ils en écouteront, moins ils la connaîtront, moins ils y seront sensibles. Pourquoi ne pas transformer ce cercle vicieux en cercle... vertueux. Ils peuvent se renseigner d'abord sur les œuvres les plus faciles, les plus accessibles. Ils peuvent chercher le genre qui leur convient le mieux. Qu'ils en écoutent au début quelques minutes chaque jour. Qu'ils fréquentent des amateurs de cette musique, qu'ils échangent des disques, des cassettes, des impressions. Autrement dit, c'est à eux en bonne partie qu'incombe la tâche de créer des conditions favorables à cette initiation. Et puis, il y a des livres, des cours, des conférences, des méthodes autodidactiques pour apprendre des instruments ou un peu de théorie... Ils seront surpris, une fois qu'ils auront fait les premiers pas, de constater que peu à peu le goût leur viendra avec la connaissance et mieux encore, que ce goût évoluera.

Il est normal de fournir quelques efforts pour se familiariser avec des œuvres musicales moins faciles, comme on doit en faire pour lire certains livres ou fréquenter certaines personnes vers lesquelles on se sent moins porté. Mais n'est-ce pas à ce prix qu'on évolue? Toujours se limiter à ce qu'on aime spontanément, c'est parfois se condamner à tourner en rond.

* * *

Le moment est venu de clore ces préludes. Quand j'en ai commencé la rédaction, j'en connaissais les grandes lignes, mais je ne me doutais pas que j'allais à ce point me livrer. Peut-être est-ce une façon de se délivrer? Dans mon cas, je crois l'avoir surtout fait pour jeter quelque lumière, quelques idées personnelles, quelques brins de sagesse dans un domaine qui me passionne. Il est tellement dommage, par exemple, que des œuvres d'une grande valeur, d'une merveilleuse beauté, demeurent inconnues du grand nombre et que d'autres, de qualité douteuse, se répandent si facilement! Si seulement ces préludes ont pu allumer quelques étincelles dans l'esprit et le cœur de ce public, je serai satisfait. D'un autre côté, les musiciens amateurs et professionnels, ceux qui en connaissent autant et plus que moi, se seront peut-être plu à lire quelques récits et de courts essais sur des sujets qui leur tiennent tant à cœur. En auraient-ils tiré quelque profit que j'en serais comblé.

Et maintenant, plongeons dans ce dernier chapitre qui traite des effets de la musique. C'est le chapitre le plus substantiel, et ce septième prélude n'en donne qu'un faible avant-goût.

Chapitre VII

Les effets de la musique

Une après-midi de la fin d'octobre, vers quatre heures, Juliette était assise dans sa chambre face à la fenêtre et regardait le jardin s'assombrir peu à peu, lorsqu'une grande paix se fit en elle. Elle se mit à observer ses deux mains ouvertes, essayant de comprendre ce qui se passait, tourna la tête de tous côtés, puis se leva et se mit à faire les cent pas dans la chambre en pleurant. Elle venait de prendre conscience de sa guérison.

Le docteur Bellerose qui, depuis une semaine, la visitait deux fois par jour, n'en croyait pas ses yeux. Sa joie de voir une patiente qu'il avait prise en amitié échapper inexplicablement à la mort était un peu ternie par l'agacement et la perplexité : son verdict, et celui de toute la médecine officielle, avait été renversé, broyé et réduit en bouillie pour les chats par... mille fois rien du tout, c'est-à-dire une misérable série de concerts dont il n'avait rien à foutre et qui projetait sur toute cette histoire — et sur lui-même — une aura de ridicule. Aussi, à chacune de ses visites le voyait-on un peu plus goguenard et bougon, si bien qu'un jour où il s'était montré particulièrement bourru, Juliette, dardant sur lui un petit regard acide :

— Dites donc, docteur, si je faisais une bonne rechute avec crachements de sang et coma terminal, est-ce que ça ne vous allégerait pas un peu l'esprit ?

À partir de ce moment, il fit un peu plus attention à ses manières, puis, changeant radicalement d'attitude, il décida un beau jour de rédiger sur cette guérison miraculeuse sa première communication scientifique, un rêve que sa vie de praticien surchargé de travail l'avait toujours empêché de réaliser.

Yves Beauchemin, *Juliette Pomerleau*

Les effets physiologiques

Les effets physiologiques de la musique sont nombreux. Nous ne mentionnerons qu'à l'occasion, dans cette partie, les effets sur le système nerveux, dont nous traiterons dans la deuxième partie qui porte sur les effets cérébraux. Notons que Domart et Bourneuf définissent ainsi le cerveau: «Organe principal du système nerveux[1].»

* * *

Effets sur les cellules, les divers systèmes, sur le métabolisme, les rythmes fondamentaux. Autres effets.
Aïvanhov suggère de chanter tous les matins. Ainsi, dit-il, «nous rétablissons l'équilibre dans nos cellules[2]».

Selon le médecin et musicothérapeute I.M. Altchuler (dans Winston, 1970), la musique agit sur la pression sanguine, la respiration, le pouls, le métabolisme et l'énergie musculaire.

Comme on l'a vu au chapitre IV, le Dr P. l'Échevin, relie le plaisir musical à la mélodie. Celle-ci engendre des sensations perceptives, la perception auditive, visuelle, olfactive, gustative et cénesthésique. L'un des effets les plus importants de la musique, selon ce médecin, serait de faciliter ou de rétablir les rythmes fondamentaux: le rythme cardio-respiratoire, la digestion, la tension, la

1.   A. Domart et J. Bourneuf, *Dictionnaire de la médecine*, p. 135.
2.   O.M. Aïvanhov, *La Musique*, p. 34.

relaxation musculaire. Nous avons déjà noté, au chapitre IV, les liens étroits entre les rythmes fondamentaux de la nature et de l'organisme, et ceux de la musique et de l'apprentissage à l'intérieur d'une leçon de suggesto-pédie. L'Échevin ajoute que parmi tous les effets physio-logiques de la musique, les recherches ont surtout porté sur la détente, l'analgésie, et de façon accessoire sur la tension. Selon le même auteur, la tension et la détente ne seraient pas des éléments particuliers mais des élé-ments constitutifs de la musique.

Concernant l'analyse musicale à faire pour pro-voquer volontairement tel et tel effet physiologique, l'Échevin cite les cinq critères suivants:

— la définition des mouvements musicaux utilisés: par exemple, andante, adagio sont des mouvements lents qui induisent la relaxation.

— les formes musicales: concerto, symphonie...

— les compositeurs: Wagner est tourmenté, Mozart sécurisant.

— le type d'interprétation: par exemple, la vélocité des jeunes interprètes et l'art méditatif des artistes chevronnés.

— l'orchestration: par exemple, l'ampleur et le vo-lume sonore de l'orchestre.

Il suggère d'associer différents critères pour obtenir des résultats variables. Par exemple, les mouvements andante d'une symphonie chez deux compositeurs dif-férents peuvent provoquer des réactions distinctes.

Parmi les réactions physiologiques mesurables, il distingue le pouls, le rythme respiratoire, l'électro-encéphalogramme, l'électrocardiogramme, la réaction psychogalvanique et la micro-pléthysmographie. Plus loin, énumérant les changements physiologiques que provoque l'audition musicale, il parle de «tachycardie, exaltation, respiration profonde, moiteur des mains, frisson...[3]»

---

3.   *Op. cit.* p. 159.

L'Échevin mentionne que Herbert von Karajan, célèbre chef d'orchestre, a établi la fondation Karajan de Salzbourg. Elle a pour but de réunir des élèves en musique, en sciences naturelles, et des médecins qui analysent les bases psychophysiologiques de l'émotion musicale, selon une approche objective. Par exemple, le tracé électrocardiographique de Karajan lui-même, durant la *Sixième Symphonie* de Mahler, passe de 120 à 172 au paroxysme du mouvement. Cette réaction émotionnelle du sujet accompagne l'état de tension interne de l'œuvre.

Le Dr Simon (dans l'Échevin) conclut que lors d'un concert, le stress émotionnel peut entraîner une diminution des réserves coronariennes chez un chef d'orchestre. Si ce dernier est en bonne santé, ce phénomène est sans conséquence; dans le cas contraire, cela peut avoir comme résultat l'épuisement complet. « Le manque d'oxygène peut conduire à l'infarctus[4]. » Peut-être est-ce l'explication de certaines morts subites. Trois chefs d'orchestre ont été terrassés au même passage du Tristan de Wagner, selon l'Échevin[5].

Chez le soliste, on retrouve les mêmes effets. Furhmann et Wiesenhutter (dans l'Échevin) ont comparé les réactions psychosomatiques de musiciens dans deux orchestres. Le premier orchestre jouait des œuvres contemporaines d'avant-garde et l'autre surtout des œuvres classiques. Dans le premier orchestre, 52 % des musiciens ont présenté des troubles nerveux, dont 22 % des perturbations du sommeil. Dans le deuxième, on a noté seulement 11 % de troubles nerveux et 2 % d'insomnie.

Weihs (dans l'Échevin) a démontré que les sons aigus intenses et les dissonances provoquent des réactions de type sympathomimétique. Au contraire, les sons d'intensité modérée, harmonieux, déclenchent des mécanismes de la régulation parasympathique. Une enquête améri-

---

4. *Ibid.* p. 159.
5. *Ibid.* p. 160.

caine a permis d'observer une fréquence supérieure d'ulcères gastro-duodénaux chez les musiciens d'orchestre qui jouent régulièrement les œuvres de Karlheinz Stockhausen.

D'après Édith Lecourt, psychologue clinicienne et fondatrice de l'Association française de musicothérapie, certaines musiques aident la digestion. Elle cite à ce sujet l'expérience de Lundin (musique légère, populaire, à cordes: harpe, piano). Pour Francès (dans Lecourt), les facteurs socio-culturels (conditionnements, valeurs) influent fortement sur les réactions physiologiques.

Une expérience de Kravkov (dans Capurso, Fisichelli et autres) a démontré que la musique et les sons rythmés peuvent améliorer la vision de 25 %. Tartchanoff (dans Capurso, Fisichelli et autres) a observé que la musique exerce une forte influence sur l'activité musculaire. Celle-ci s'accroît ou décroît, selon la mélodie employée.

* * *

Les effets cérébraux

Si les effets physiologiques de la musique sont nombreux et complexes, les effets cérébraux le sont également. On peut distinguer, d'après les auteurs, les effets sur le système nerveux en général, sur le cortex, sur d'autres parties du cerveau, sur l'hémisphère gauche et l'hémisphère droit. Enfin, on peut aussi étudier les ondes cérébrales engendrées par la musique.

* * *

Nous définirons d'abord quelques concepts, selon Domart et Bourneuf.

— Cérébral: «Relatif au cerveau[1]».

— Cerveau: «Organe principal du système nerveux[2]».

— Système nerveux: «Ensemble de cellules spécialisées, appelées neurones, qui assurent le fonctionnement interne de l'organisme (système neurovégétatif) et la relation de cet organisme avec le milieu extérieur (système nerveux cérébro-spinal) [3]».

En outre, J. Trotter et V. McConnell, définissent ainsi le mot cortex: «Mince couche périphérique du cerveau ayant une épaisseur d'environ 0,64 cm. Les millions de cellules nerveuses de notre cortex jouent un rôle pri-

---

1. A. Domart et J. Bourneuf, *Dictionnaire de la médecine*, p. 135.
2. *Ibid.* p. 135.
3. *Ibid.* p. 441.

mordial dans nos pensées, sensations ou agissements[4]».
D'après P. Chauchard, le mot cortex est synonyme
d'écorce grise et est l'organe du psychisme.

Équilibrer et renforcer le système nerveux au moyen de la musique

Selon Aïvanhov, une atmosphère créée par le chant, la
musique, l'unité, l'harmonie, permet de se transformer,
de travailler sur soi-même et surtout d'équilibrer le
système nerveux qui se renforce de cette façon. Selon le
même auteur, le chant initiatique bulgare Malkiăt Izvor
(la petite source) «donne une grande secousse» et «peut
éveiller la glande pinéale[5]». D'autres chants initiatiques
bulgares peuvent aussi éveiller la glande pinéale. Selon
Domart et Bourneuf, le rôle physiologique de la glande
pinéale (ou épiphyse) est mal défini.

S.R. Winston signale la découverte du D[r] M.
Altschuler voulant que la musique agisse sur le thala-
mus. Ce dernier est «le relais de toutes les voies senso-
rielles sauf l'olfaction[6]», selon P. Chauchard.

Les ondes cervicales et les deux hémisphères du cerveau

D'après le Dr A. Tomatis (dans B. Bélanger, 1978), la
musique de Mozart coordonne le rythme des ondes
cervicales. Pour Bélanger, la place primordiale accordée
à la musique en suggestopédie se justifie, car l'un des
objectifs de cet enseignement est d'activer l'hémisphère
droit du cerveau. En ce sens, poursuit-elle, «la suggestopédie rejoint la musicothérapie: les formes musicales
influent sur le système neurovégétatif et sur l'inconscient en passant par l'oreille gauche pour atteindre,
graduellement, l'hémisphère droit du cerveau[7]».

Nous touchons ici deux points importants: les ondes
cervicales et les deux hémisphères du cerveau. Nous

---

4. R.J. Trotter et J.V. McConnell, *Psychologie science de l'homme*, p. 42.
5. O.M. Aïvanhov, *La Musique*, p. 26.
6. P. Chauchard, *Le Cerveau et la conscience*, p. 188.
7. B. Bélanger, *La Suggestologie*, p. 211.

avons déjà mentionné au premier chapitre comment la suggestopédie cherche à utiliser les deux hémisphères du cerveau. Nous donnerons ici quelques explications sur les points suivants: les fonctions des deux hémisphères; le cas particulier du cerveau des Japonais; l'enseignement suggestopédique et l'utilisation de ces hémisphères; enfin, comment la musique est un moyen pour arriver à stimuler les deux hémisphères. Nous dirons aussi quelques mots sur les ondes cervicales.

Bagriana Bélanger a résumé les fonctions des deux hémisphères. Depuis la fin des années 60, écrit-elle, de nombreux chercheurs américains (Sperry, Galin...) ont démontré que l'hémisphère gauche est spécialisé dans les activités logiques et langagières, alors que l'hémisphère droit est plutôt spécialisé dans les activités intuitives et créatrices. L'hémisphère gauche joue aussi un rôle fondamental en ce qui a trait à la pensée abstraite et aux opérations mathématiques. L'hémisphère droit s'occupe de la pensée concrète et synthétique, des sons et des images ainsi que de leurs associations. Cet hémisphère dirige aussi la création artistique, l'intuition, la motricité corporelle, l'orientation dans l'espace. Fait important, l'hémisphère gauche reçoit, assimile et reprogramme les intonations de la voix et les éléments paralinguistiques qui accompagnent le langage humain. Bélanger fait remarquer que certaines fonctions psychiques sont associées au fonctionnement des deux hémisphères. Par exemple, dans le processus de la mémorisation, le côté gauche assure la mémoire volontaire et le côté droit la mémoire spontanée.

De nombreux auteurs en médecine, en psychologie et en suggestopédie ont fourni des explications semblables. Nous en mentionnerons quelques-uns de manière à compléter ces données.

Selon Guy Lazorthes, professeur d'anatomie et de chirurgie du système nerveux et membre de l'Académie nationale de médecine, l'idée d'un hémisphère cérébral gauche dominant et d'un hémisphère cérébral droit subordonné n'est plus admise. La science croit maintenant à une spécialisation fonctionnelle de chacun des hémisphères cérébraux. Par exemple, l'hémisphère gauche détient beaucoup plus de capacités linguistiques que le droit; l'hémisphère droit, par ailleurs, possède des aptitudes supérieures dans le domaine de la vision, de la reconnaissance des formes, des paysages, de la musique, des émotions, de la création artistique. «L'intonation, la mélodie, la musicalité sont contrôlées par l'hémisphère droit[8].»

Pour Summer, l'hémisphère gauche s'occupe de l'aspect verbal, des détails, de l'analyse, et l'hémisphère droit s'occupe de l'aspect non verbal, global, spatial et affectif.

Pour Austen, la découverte de la spécialisation du cerveau droit relativement au dessin artistique est d'une très grande importance pour l'évolution de la créativité humaine.

Donovan, Yellin ainsi que Bayuk et d'autres reprennent sensiblement les mêmes idées que les auteurs précédents, en insistant toutefois sur le lien qui existe entre l'hémisphère droit et la musique[9].

Gabriel Racle rapporte une étude très intéressante du médecin japonais T. Tsunoda au sujet du cerveau japonais. Selon cette recherche, le cerveau japonais fonctionne à l'inverse du cerveau occidental: par exemple, l'hémisphère gauche reçoit un grand éventail de sons. Le cerveau des Indigènes de la Polynésie fonctionnerait de la même façon.

* * *

8. G. Lazorthes, *Le Cerveau et l'esprit*, p. 97.
9. Au congrès de l'Association canadienne-française pour l'avancement des sciences (ACFAS), en mai 1989, des chercheurs ont fait état de travaux récents suggérant que «tout système fonctionnel dépend de l'activité conjointe des deux hémisphères, bien que le rôle de l'un puisse être dominant». (*Québec Science*, septembre 1989, p. 11)

À la lumière de l'ensemble de ces données sur le fonctionnement du cerveau, il est possible de remarquer avec Yellin que les méthodes traditionnelles d'enseignement des langues étrangères et d'autres domaines pédagogiques ont bien davantage recours au cerveau gauche, celui de la logique, de la raison, de l'analyse.

Or l'enseignement suggestopédique étant un enseignement gestaltique, «holistique», il a pour but d'utiliser à peu près également les deux hémisphères du cerveau. Parmi les moyens mis en œuvre pour activer le cerveau droit, on retrouve les jeux, les arts en général et la musique en particulier.

Lerède est l'un de ceux qui expliquent en détail comment la musique des deux concerts (actif et passif) jouent un rôle spécifique pour chacun des deux cerveaux. Dans le premier concert (ou première partie du concert), le professeur lit le texte à haute voix et les étudiants écoutent une musique de type romantique, tout en lisant en silence les phrases du texte. D'après Lerède, «le souci lozanovien est ici de faire travailler *simultanément* les deux hémisphères du cerveau [10]»: pour l'hémisphère gauche, le texte lu, et pour l'hémisphère droit, le texte écouté, enrichi de tous les éléments émotifs de la voix humaine accordée à la musique. Dans le deuxième concert (ou deuxième partie du concert), le professeur lit également le texte à haute voix, et une musique de type baroque l'accompagne, mais cette fois il s'agit vraiment d'un concert. Selon Lerède, les étudiants écoutent la musique, ils n'écoutent pas le professeur. Ici encore les deux hémisphères travaillent *simultanément* et de façon équilibrée. Cependant pour ce concert, c'est le contraire: une musique de type baroque, donc plus intellectuelle, s'adresse au cerveau gauche, et une écoute relaxée, plus passive que dans le premier concert, s'adresse au cerveau droit.

Cooter émet une opinion assez différente et parti-

---

10. *Op. cit.* p. 77.

culière. Pour lui, le premier concert s'adresse au cerveau droit, qu'il appelle, avec Budzynski et contrairement à Lazorthes, le cerveau non dominant. Cet hémisphère répond aux intonations, à la lecture présentée sur un ton émotif, et les phrases doivent être courtes. Les mots doivent être prononcés lentement, au tiers de leur vitesse normale, et ponctués de fréquentes pauses. Selon Cooter, des recherches auraient démontré que ce côté du cerveau ne possède que le vocabulaire d'un enfant de quatorze ans, et l'habileté syntaxique d'un enfant de cinq ans. Le deuxième concert s'adresse au cerveau gauche. Le professeur lit le texte sur un ton naturel, à une vitesse normale, et les pauses sont normales. Cooter justifie cette présentation en affirmant avec Budzynski que le cerveau gauche préfère les séquences logiques, les phrases complètes...

Racle exprime une opinion différente de celle de Lerède et de Cooter. Pour lui, il semble qu'il n'y ait qu'un concert, ou qu'une partie au concert. Le professeur lit le texte à haute voix et demande aux étudiants d'écouter la musique. La musique active le cerveau droit et, par voie de conséquence, détend le cerveau gauche, facilitant ainsi la réception du message langagier. Donovan et d'autres expriment une opinion semblable. Pour Racle, le fait de présenter texte et musique rend le cerveau capable d'utiliser toutes ses ressources pour assimiler les données. L'utilisation de la musique associée au texte facilite l'activité globale du cerveau, car les deux hémisphères fonctionneraient probablement par association, selon lui. Le fait qu'il y ait participation des deux hémisphères augmenterait la production des associations.

Telles sont, en gros, les analyses de ce qui se déroule dans les hémisphères droit et gauche du cerveau pendant les concerts. Malgré les divergences, on peut dégager au moins une constante: la musique des concerts convient au cerveau, soit en stimulant tel hémisphère, soit en permettant à tel hémisphère de récupérer. Plusieurs auteurs croient que la musique stimule le cerveau droit et permet au cerveau gauche de récupérer.

* * *

La musique et l'activité électrique du cerveau
Le cerveau a aussi une activité électrique. C'est l'électro-encéphalogramme (EEG) qui permet l'enregistrement de ces phénomènes électriques. D'après A. Domart et J. Bourneuf, le tracé électro-encéphalographique normal est fait de trois types d'ondes: le rythme alpha, le rythme bêta et le rythme thêta.

G. Racle, se basant sur les travaux de Balevski, émet l'hypothèse suivante: «Les gens qui augmentent leur activité bioélectrique de 15 % à 20 % obtiennent le meilleur pourcentage de mots mémorisés[11].» Selon Lozanov, Balevski et Stomonyakov, «durant le concert, le système alpha de la majorité des étudiants augmente au-dessus du niveau initial d'avant la leçon et le rythme bêta chute au-dessous du niveau initial[12]».

J. Lerède relie l'état de pseudo-passivité, contrôlée par les appareils télémétriques de l'Institut, à l'émission d'ondes alpha supérieur et alpha inférieur. En effet, se référant à Balevski, il note que le professeur et la plupart des étudiants se trouvent, pendant la séance active sur fond musical, dans un état caractérisé par la présence d'ondes alpha supérieur, ondes de repos (de 14 à 13 hertz). Ils vont passer dans la séance passive, ou concert proprement dit, à un état de repos plus profond, mais toujours éveillé: la pseudo-passivité. Celle-ci se caractérise par la présence d'ondes alpha inférieur (12 à 10 hertz). Cependant, selon Lozanov, «l'hypermnésie n'est pas liée à la présence de ces ondes alpha[13]».

Selon Paulyn, les ondes alpha permettent au cerveau

---

11. G. Racle, *Music, Pedagogy, Therapy: Suggestopedia*, p. 140.
12. *Ibid.* p. 141.
13. J. Lerède, *Suggérer pour apprendre*, p. 192.

une meilleure réceptivité pour capter de nouvelles informations, et Yellin parle de l'augmentation des ondes alpha pendant le concert.

Invité en décembre 1978 à un congrès international à Sofia, sur la suggestologie et la suggestopédie, Pollak note les points suivants: quand les ondes bêta (activité consciente) augmentent, la fatigue augmente; par contre, quand il y a émission d'ondes alpha, il y a augmentation de l'inhibition corticale *(cortical inhibition)* et le sujet éprouve une sensation de détente pendant l'apprentissage. Ces études ont permis à Lozanov de vérifier la prédominance des ondes alpha pendant le concert. Lozanov s'est expliqué ainsi à Pollak:

À l'état alpha, les perceptions périphériques deviennent des stimuli puissants. Un tel apprentissage paraconscient est accéléré à cause du processus positif émotionnel et du processus de motivation engagé[14].

* * *

---

14. C. Pollak, *Suggestology and Suggestopedia Revisited*, p. 26.

Les effets cognitifs

Comme nous l'avons constaté, les effets physiologiques et cérébraux de la musique sont abondants. Les effets cognitifs le sont également et peuvent être reliés aux précédents. Les auteurs ne partagent cependant pas tous cette opinion. Certains affirment même que la musique n'a aucun effet cognitif, d'autres sont plus nuancés et d'autres enfin sont positifs et catégoriques.

La question est donc maintenant de savoir quels sont les effets cognitifs connus et quels résultats on obtient en utilisant la musique pour mieux apprendre et mieux mémoriser.

* * *

Effets directs et indirects sur l'intellect et sur d'autres facultés
Selon Aïvanhov, il y a au moins trois classes de voix qui ont des effets positifs: la voix qui éveille l'émotivité, la voix qui éveille l'intelligence, la voix qui éveille la volonté. Par contre, d'autres sortes de voix ont des effets négatifs. Ces dernières entraînent l'insensibilité et la cruauté, la bêtise et la folie ou la passivité et la mollesse. Certaines voix cristallines éveillent le côté intellectuel. Dans un tel cas, l'auditeur se met à raisonner. Selon le même auteur, la musique, si on sait comment l'utiliser, peut devenir un instrument de création intérieure et nous permettre d'entreprendre un «formidable travail spirituel: projeter des idées, des images sublimes qui se

réaliseront un jour[1] ». La musique serait donc aussi une « aide très puissante pour la réalisation[2] », mais elle peut également stimuler l'intellect : « Elle crée une atmosphère propice à l'activité mentale[3]. » Enfin, Aïvanhov insiste sur divers usages de la musique, sur son effet bénéfique, énergétique, relié au perfectionnement de l'être humain : « Tout le monde écoute de la musique, mais dans une École initiatique, on apprend à l'écouter pour déclencher en soi des centres spirituels [...], s'élever, s'ennoblir, se purifier ou même résoudre des problèmes[4]. »

Pour Cayce, la musique aide à établir l'harmonie entre le physique, l'émotion, le mental et l'âme. La musique peut aussi « transformer les tensions de l'anxiété en énergie créatrice[5] ». Elle exige une attention soutenue et prolonge la durée de la concentration, selon Altschuler. Et selon ce même auteur, elle stimule l'imagination et l'intelligence.

D'après Scott, la musique possède un pouvoir suggestif subtil tel que « l'auditeur n'a aucune conscience de ce qui se passe[6] », et la musique agit sur l'esprit et les émotions par le truchement de la suggestion. Scott affirme par exemple que la musique de J.S. Bach, du genre intellectuel, eut des répercussions certaines sur le mental. C'est ainsi que sa « logique musicale suscita un enthousiasme prodigieux pour la philosophie dans le monde germanique[7] ». Poursuivant le même raisonnement, il décrit Beethoven comme le plus grand psychologue de la musique. Ce dernier en effet eut une vie tourmentée. Il a beaucoup souffert et sa vie se refléta dans son œuvre. Beethoven suscita ainsi chez les audi-

---

1. O.M. Aïvanhov, *La Musique, le rôle de la musique et du chant dans la vie spirituelle*, p. 2.
2. *Ibid.* p. 3.
3. O.M. Aïvanhov, *Création artistique et spirituelle*, p. 92.
4. O.M. Aïvanhov, *Création artistique et spirituelle*, p. 90.
5. S.R. Winston, *Music as the Bridge*, p. 3.
6. *Op. cit.* p. 41.
7. *Ibid.* p. 61.

teurs le sentiment de sympathie (au sens étymologique du terme) et devint le précurseur de la science de la psychanalyse. Dans les deux cas, il s'agit bien d'effet sur l'apprentissage : la musique de Beethoven aida les humains à comprendre les souffrances de leurs semblables et ouvrit la voie au développement de la psychanalyse. Il est intéressant de noter que Scott, peu avant l'entrée en scène de la suggestopédie, résumait ainsi le chapitre six de son livre sur l'influence de la musique :

— Elle affecte le *mental,* les émotions [...] de l'humanité.

— Elle les affecte à la fois *consciemment* et *inconsciemment.*

— Elle les affecte à l'aide de la *suggestion* et de la réitération.

— Elle les affecte soit *directement* ou *indirectement,* soit des deux manières[8].

On retrouve déjà ici beaucoup d'idées dont la suggestopédie va s'inspirer.

* * *

Pourtant, dans le domaine de la suggestopédie, certains auteurs considèrent que la musique n'a pas de réelle influence sur l'apprentissage.

Selon Shaffer, il est évident que le concert n'aide pas l'apprentissage.

Moins catégoriques, Render, Hull et autres rapportent l'expérience suivante. On a administré des tests à 64 étudiants répartis dans quatre groupes différents et dans les conditions suivantes :

1) relaxation dirigée avant le test ;
2) musique baroque diffusée durant le test ;
3) relaxation et musique baroque diffusée durant le test ;
4) groupe témoin, sans relaxation ni musique.

---

8. *Op. cit.* p. 44.

L'analyse des résultats ne révèle pas de différence significative entre les groupes. Les auteurs concluent que la musique ne devrait pas seulement être utilisée à l'occasion du test, mais aussi dans la phase d'acquisition de la matière. Cette conclusion nous paraît sensée.

Zeiss fait état d'un cours d'anglais langue étrangère à un groupe de 14 étudiants d'Arabie saoudite. Les résultats n'ont pas été concluants. Cependant, la musique de type classique avait été diffusée sans arrêt comme musique de fond. Bien que Klockner ait obtenu de bons résultats avec une telle méthode, Lozanov n'a jamais préconisé cette façon de faire.

Selon une recherche menée par Alexander, la musique baroque aide à créer une atmosphère positive, mais n'aide pas à accélérer l'apprentissage. Enfin, selon une étude complexe de Schuster dont les résultats ont été publiés en 1979, la musique n'a pas ou n'a que peu d'effets sur l'apprentissage. Cependant, dans cette expérience, la musique n'avait été utilisée que pendant trois minutes à la fois, ce qui semble nettement insuffisant, selon les normes reconnues et mentionnées plus haut.

Même si quelques auteurs en suggestopédie ont ainsi émis des jugements négatifs ou peu enthousiastes, un grand nombre d'autres expriment des opinions contraires. Nous en avons déjà mentionné plusieurs. Nous en citerons ici quelques-uns qui apportent des points particuliers ou des mesures de rendement.

Rabcsak (dans Racle, 1980) relate l'observation suivante. Un étudiant qui s'était absenté au moment du concert n'a pu maîtriser le matériel présenté aussi bien qu'il l'aurait fait s'il y avait assisté. Il en a ressenti les effets tout au long du cours.

* * *

Mesurer l'apprentissage effectué en utilisant la musique
Certains auteurs se sont efforcés de mesurer le rendement de l'apprentissage ou de la mémorisation de

classes de suggestopédie ou de cours pendant lesquels on utilisait la musique.

Sigrid Gassner-Roberts, dans un cours d'allemand s'inspirant de l'approche suggestopédique, a utilisé une musique de détente (légère), une musique de concert actif (de style romantique) et une musique de concert passif (de style baroque). Les étudiants ont appris en moyenne un vocabulaire de 60 mots par cours de trois heures. D'après elle, «tous les étudiants ont amélioré leur conversation de façon incroyablement rapide[9]».

Schuster et Mouzon ont mesuré l'acquisition et la mémorisation de vocabulaire chez trois groupes: avec le premier, ils ont utilisé une musique baroque, avec le deuxième une musique classique (romantique), et le troisième était un groupe témoin, sans musique. Les résultats ont été les suivants:

L'effet de la musique durant l'apprentissage a été significatif (p <.0001) pour les scores d'acquisition. Les résultats apparaissent dans la figure 1. Le score (data) de mémorisation est également significatif (p <.0001). Les étudiants qui ont écouté la musique baroque durant l'apprentissage ont eu les scores les

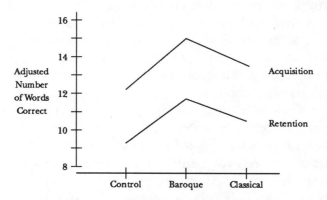

M 1, Music during learning
Fig. 1 — **The effect of music during learning on adjusted acquisition and retention scores** (Schuster et Mouzon, 1982, p. 97).

---

9.   S. Gassner-Roberts, *The First Suggestopedia German Course in Australia*, p. 60.

plus élevés, alors que ceux qui étaient dans le groupe témoin, sans musique, ont obtenu les scores les plus faibles. Les étudiants qui ont entendu la musique classique ont atteint des scores intermédiaires. Ce modèle a été repris pour la mémorisation, et les résultats apparaissent aussi dans la figure 1.

Des résultats de cette dernière expérience, il ressort nettement que c'est la musique baroque qui est la plus efficace pour stimuler l'apprentissage et la mémorisation du vocabulaire; la musique de style romantique vient ensuite; l'apprentissage sans musique obtient le score le plus faible.

Cooter dit avoir appris plus de 1 300 mots de vocabulaire espagnol dans un cours suggestopédique d'une durée de six semaines. Il affirme n'avoir pas appris plus de mots de français en trois ans de cours. Pour lui, le concert actif avec musique de type romantique durait 45 minutes et le concert passif avec musique baroque durait 20 minutes.

Klockner explique qu'un cours d'anglais a été donné à un groupe de 23 réfugiés indochinois de 21 à 65 ans. On a utilisé de la musique baroque du début à la fin des cours, mais aucun autre élément suggestopédique. Les étudiants ont eu l'air d'apprécier la musique, et le professeur a remarqué qu'ils semblaient plus énergiques à la fin d'une leçon qu'après des leçons sans musique (ils avaient reçu des leçons sans musique auparavant). Les résultats obtenus ont été supérieurs à la normale. Le même professeur a ensuite donné un cours à un autre groupe de 23 réfugiés indochinois. Cette fois, on s'est davantage rapproché des principes de la suggestopédie (tels que nous les avons décrits au premier chapitre). Cependant la musique baroque a joué sans arrêt. Les résultats ont été de six fois supérieurs à la normale.

En 1982, l'Office de la langue française a administré des tests linguistiques aux participants des cours suggestopédiques au Centre d'enseignement des langues du Canadien Pacifique. Les résultats ont démontré que les étudiants du CP apprennent autant en 300 heures que les étudiants d'écoles traditionnelles en 600 heures.

* * *

L'opinion de spécialistes et de scientifiques sur la question: Lehman, Saféris, Bélanger, Lozanov, Lerède, Racle, Paschall, Whitcare, Szalontai

Nous pourrions multiplier les exemples de ce genre, en commençant par les résultats que Lozanov lui-même a obtenus, qui sont les plus spectaculaires. Toutefois, en suggestopédie, la musique n'est que l'un des facteurs — très important sans doute — à considérer comme « facilitateur » ou catalyseur de l'apprentissage.

Lehman reconnaît les effets suivants de la musique appliquée en tant que composante d'un cours de suggestopédie. D'après ses observations et les sondages d'opinion qui le confirment, la musique produit chez les élèves une amélioration générale des résultats d'études et une élévation sensible du pouvoir de mémorisation. Par ailleurs, elle remonte le moral de la classe et augmente le désir et la capacité de travailler[10].

Lehman semble ici reconnaître plusieurs effets principaux: sur l'apprentissage et la mémoire; sur le moral ou l'atmosphère de la classe, ou l'attitude du groupe que la musique rend plus positive; sur le désir (motivation) et la capacité (rendement) de travailler.

Elaine explique que la musique dans un cours suggestopédique constitue un moyen pour briser les barrières antisuggestives. Les paroles de chansons spécialement écrites peuvent contenir des éléments de la leçon à apprendre. Par exemple, des étudiants en mathématiques peuvent apprendre des notions d'algèbre intégrées à un livret semblable à un livret d'opéra.

Pour Saféris, il est clair que le but des concerts est la mémorisation: « ... la mémorisation du matériel est consi-

___

10. D. Lehman, *Le Rôle de la musique dans la suggestopédie*, p. 6.

dérée comme accomplie durant cette phase de présentation avec les deux concerts[11]». Pour elle, les autres phases d'apprentissage ne servent qu'à consolider l'acquis.

Pour Bélanger, la musique utilisée dans des situations pédagogiques joue un rôle de «catalyseur puissant d'énergie psychique, stimulant non seulement l'imagination, mais aussi la réflexion des étudiants[12]». Cet auteur fait remarquer que c'est Lozanov qui, le premier, a utilisé la musique comme composante essentielle d'une méthode d'enseignement des langues. Toujours d'après Bélanger, les statistiques de l'Institut démontrent que la musique «n'influence pas directement la mémoire spontanée ou immédiate, mais qu'elle renforce considérablement la mémoire à long terme[13]».

Lerède a une opinion nuancée et complexe sur l'efficacité de la musique en suggestopédie. Mais il semble catégorique sur un point. S'appuyant sur diverses déclarations de Lozanov, il dit que malgré son importance, «la musique n'est aucunement la pièce maîtresse de [la suggestopédie][14]».

Par ailleurs, Racle a aussi fait une étude détaillée de l'usage de la musique. Il prévient le lecteur qu'il n'est pas toujours facile de déterminer les effets particuliers de la musique en suggestopédie. Cette dernière est en effet basée sur des principes gestaltistes. Chaque élément n'a donc de sens qu'en fonction des autres. Néanmoins, parmi les effets mentionnés, il reconnaît clairement que la musique utilisée en suggestopédie «est l'un des éléments clés dans la phase de mémorisation[15]». Selon Racle, Lozanov a reconnu l'effet particulier du concert sur la mémoire à court terme. Enfin, elle aurait un effet positif sur «la capacité intellectuelle des étudiants, même s'ils sont névrosés[16]».

---

11. *Op. cit.* p. 125.
12. *Op. cit.* p. 211.
13. *Ibid.* p. 212.
14. J. Lerède, *Suggérer pour apprendre*, p. 203.
15. J. Racle, *Music, Pedagogy, Therapy: Suggestopedia*, p. 138.
16. *Ibid.* p. 145.

Paschall et Whitcare insistent sur le fait que la musique, dans une leçon de suggestopédie, est un moyen puissant pour développer la mémoire.

Szalontai mentionne, parmi les nombreux effets bénéfiques de la musique, celui d'aider à l'acquisition et à la mémorisation de la matière. Il cite Kitajgorodszkaja, cette dernière soutenant que la musique «aide à augmenter la capacité de mémorisation du cerveau[17]». Selon Szalontai, la musique brise les barrières de l'intellect. De plus, quand les étudiants chantent, ils s'exposent à un formidale bain de phonétique, ce qui leur permet d'apprendre plus facilement la langue étrangère. Enfin, selon ce dernier auteur, la musique prédisposerait favorablement à l'apprentissage.

* * *

Néanmoins, si nous tentons de cerner, chez quelques auteurs importants, certaines fonctions plus spécifiques et plus techniques de la musique, nous en arrivons à retenir deux concepts qui reviennent constamment: le concept de placebo et celui de pseudo-passivité. Pour bien des auteurs, le placebo rituel est un moyen pour atteindre un état qui s'appelle l'état de pseudo-passivité[18]. Dans une leçon de suggestopédie, la musique des concerts serait un moyen, un placebo, pour atteindre un état psychique particulièrement réceptif, favorable à la fixation de la matière à mémoriser.

Saféris explique:

C'est le concert qui représente entre autres fonctions le facteur placebo, et les autres étapes de l'enseignement ont été élaborées autour de lui pour renforcer encore sa force désuggestive / suggestive, pour la mémorisation[19].

---

17. E. Szalontai, *Suggestive Methods of Teaching and Learning*, p. 71.
18. La pseudo-passivité est un état d'apparente passivité physique et intellectuelle.
19. *Op. cit.* p. 129.

Pour Lerède aussi, la musique joue clairement un rôle de placebo: « [...] le simple placebo qu'elle représente[20]». Cependant, il ajoute que ce serait commettre un lourd contresens de minimiser l'effet placebo lié à la musique.

Racle n'est pas aussi catégorique sur l'effet placebo. Citant Lozanov, il explique que l'effet placebo est relié à la façon rituelle dont il est utilisé et à cette association créée ainsi avec le processus de mémorisation. Il fait toutefois la remarque suivante: l'effet de tout placebo (pharmaceutique ou autre) est directement relié à l'efficacité que lui attribuent celui qui l'administre et celui qui le reçoit. Racle note aussi que jusqu'à maintenant il s'est fait peu de recherche sur la musique en tant que placebo. Enfin, il fait remarquer que la musique ne joue pas qu'un simple rôle de placebo, mais que, selon Lozanov, elle aide à « créer un état psychique particulier chez l'auditeur[21]».

Certains auteurs ne sont pas d'accord avec cette théorie du placebo rituel. Par exemple, Bélanger affirme que la musique est «loin d'être simplement un placebo, comme le prétendent certains auteurs[22]».

Lehman n'accepte pas non plus l'idée de placebo. La musique, pour lui, est plus qu'un placebo: «Notre hypothèse de travail est que la musique considérée dans le cadre de la suggestopédie est quelque chose de plus important qu'une sorte de "fonction placebo" et que la musique peut entraîner chez nombre d'individus des conséquences qui vont au-delà de l'effet placebo[23]».

* * *

Par contre, le concept de pseudo-passivité semble faire l'unanimité.

---

20. J. Lerède, *Suggérer pour apprendre*, p. 204.
21. G. Racle, *Music, Pedagogy, Therapy: Suggestopedia*, p. 136.
22. *Op. cit.* p. 212.
23. *Op. cit.* p. 3.

Pour Saféris, la pseudo-passivité n'est qu'un état apparent de «passivité physique et intellectuelle[24]». Loin d'être une réelle passivité, cet état est «spécialement favorable à la mise en place de la disposition mentale pour solliciter les réserves[25]».

Pour Bélanger, l'état de pseudo-passivité «facilite un déroulement efficace des processus mentaux dans le système nerveux supérieur[26]». Cependant elle va plus loin dans sa définition de ce concept: la musique choisie vise «à rétablir l'harmonie intérieure et l'équilibre des fonctions physiologiques ou psychiques des étudiants[27]».

Lehman, sans employer le terme pseudo-passivité, exprime une opinion semblable. Pour lui, le rôle de la musique en suggestopédie consiste à «créer chez l'individu une harmonie psychophysique de perception» et à le «préparer à la perception de ce qui est proposé[28]».

Lerède insiste aussi beaucoup sur la pseudo-passivité. Selon lui, la musique du concert pénètre de façon subliminale dans l'inconscient. Elle contribue ainsi à engendrer l'état recherché de pseudo-passivité par le jeu de ce que Lozanov appelle, avec Pavlov, «l'investissement phasique», «où insensiblement, par irradiation, sont gagnées les zones subliminales de la conscience[29]». Remarque intéressante, le professeur autant que l'élève doit atteindre cet état spécifique. En outre, selon Lerède, la pseudo-passivité est un réflexe conditionné et la musique apparaît comme un excellent moyen pour déclencher le processus qui mène à cet état.

Enfin, pour Racle également, la musique induit chez l'étudiant un état que Lozanov qualifie de pseudo-passivité de concert: «Grâce à la musique... la tension normale et physique de l'auditeur baisse progressivement[30].»

---

24. *Op. cit.* p. 111.
25. *Ibid.* p. 111.
26. *Op. cit.* p. 147.
27. *Ibid.* p. 147.
28. *Op. cit.*, p. 4.
29. *Ibid.* p. 191.
30. Dans G. Racle, *Psychopédagogie profonde en enseignement des langues*, p. 73.

La réceptivité de l'étudiant se trouve ainsi accrue. Puis il cite de nouveau Lozanov: «L'auditeur est dans un état de passivité et ne fait pas d'efforts intellectuels pour mémoriser ou comprendre; mais il se laisse aller pour percevoir émotionnellement le programme musical présenté[31].» Racle fait remarquer ici l'absence de tension, caractéristique de cet état spécifique, et principe de base de la suggestopédie en général, comme nous l'avons déjà mentionné. Toutefois, d'après Racle, Lozanov souligne fortement «que la musique n'agit qu'en association avec d'autres facteurs suggestifs reconnus, et notamment la structuration des cours en fonction du double plan (conscient, non-conscient)[32]».

Dans son article intitulé *Music, Pedagogy, Therapy: Suggestopedia*, Racle traite également de la pseudo-passivité. Il note que la musique est probablement l'apport le plus utile et bénéfique de la suggestopédie. La pseudo-passivité est un état de relaxation psychologique et de concentration favorisant l'activité cérébrale. Il est d'accord avec Lerède sur ce point: on peut obtenir l'état de pseudo-passivité par d'autres moyens que la musique, mais cette dernière représente le moyen le plus simple. Il insiste ici aussi sur ce qu'il qualifie de concept clé de la suggestopédie: le double plan. Chacun se protège psychologiquement derrière les barrières anti-suggestives rationnelles, émotionnelles et éthiques. La musique constitue un moyen pour contourner ces barrières anti-suggestives. La musique supprime les réactions anti-suggestives (tension et agressivité) et neutralise les barrières anti-suggestives. Enfin, la musique peut suspendre le sens critique et permet de redevenir enfant (Lozanov parle d'«infantilisation»). Elle peut ainsi libérer les qualités plastiques propres à l'esprit d'un enfant et permettre d'obtenir un meilleur apprentissage et une meilleure mémorisation.

---

31. *Ibid.* p. 73.
32. *Ibid.* p. 73.

Les effets sur la santé

Deux histoires vécues de guérison du cancer

Ghyslain Bard[1], mon professeur de violon, m'a raconté les deux histoires vécues suivantes. Il a été témoin des deux cas.

* * *

Une femme de cinquante-cinq ans environ, travaillant dans une grande entreprise au Canada, était atteinte d'un cancer à l'estomac. Elle décida de prendre sa retraite et de commencer à étudier le violon dans le but de se «libérer» de sa maladie. Comme elle n'avait jamais appris le chant et qu'elle n'avait jamais appris non plus à jouer d'un instrument, ses amis furent très étonnés de cette décision.

Elle commençait et finissait ses journées en jouant du violon tout en s'efforçant d'avoir un esprit positif. Elle interprétait de préférence des œuvres très structurées de compositeurs allemands, comme J.S. Bach, Beethoven et surtout Brahms. (Elle évitait d'aborder des œuvres de certains autres compositeurs qui l'irritaient et ne lui faisaient que du mal.)

---

1. Ghyslain Bard enseigne le violon à l'école Mgr Philippe Labelle et à l'Université du Québec à Montréal. Il s'est acquis une solide réputation au Québec, aux États-Unis et en France dans l'enseignement du violon à des groupes de jeunes et dans la formation des maîtres. Il a collaboré au programme de violon du ministère de l'Éducation et il est associé au Conservatoire de Paris pour préparer des camps musicaux.

Au bout d'un certain temps, elle se sentit mieux et après trois ans de ce « traitement », elle guérit complètement. Aux dernières nouvelles, elle était en excellente santé. Les médecins se demandent ce qui est arrivé.

* * *

Une femme médecin, âgée de trente-cinq ans, mère de deux enfants et elle-même mariée à un médecin, était enceinte d'un troisième enfant. L'accouchement se fit par césarienne. Le gynécologue qui pratiqua l'opération constata que sa collègue était atteinte d'un cancer à l'utérus et aux ovaires. Il termina l'opération dans l'intention de l'opérer de nouveau quelques semaines plus tard, dès qu'elle aurait repris des forces.

Quand elle apprit dans quel état de santé elle se trouvait, bien que médecin elle-même, elle hésita à suivre les conseils de ses collègues. Ils recommandaient l'hystérectomie et proposaient par la suite des traitements de chimiothérapie. Même si maintes et maintes fois elle avait conseillé ce traitement à ses patientes atteintes du même mal, elle s'étonna de ne pas l'accepter pour elle-même. Elle le savait douloureux et d'une efficacité incertaine. Après mûre réflexion et consultation auprès de G. Bard, elle décida de tenter de se guérir en se remettant à jouer du piano. Elle était déjà titulaire d'un Baccalauréat en interprétation du piano, mais ne jouait plus depuis plusieurs années.

Elle commençait et finissait ses journées en jouant du piano. Elle jouait surtout des pièces calmantes de Ravel et Debussy. Au bout d'environ quinze mois, le cancer disparut complètement, comme par enchantement. Aujourd'hui, elle se porte à merveille.

L'amour-propre des savants médecins en prit un dur coup...

* * *

Voilà deux anecdotes révélatrices concernant l'action de la musique sur la santé physique. Il s'agit d'applications de la méthode ou technique active en musicothérapie. Nous avons vu au chapitre V qu'il existe également des méthodes passives (aussi appelées réceptives). La méthode active consiste, pour le patient, à jouer d'un ou de plusieurs instruments de musique ou bien à chanter à des fins thérapeutiques. Les deux expériences que je viens de raconter n'ont cependant pas été menées dans le cadre d'une institution reconnue. Cela n'enlève rien à leur intérêt, comme vous l'avez sans doute constaté...

* * *

Tout au long de ce livre, nous avons fait maintes fois allusion aux effets de la musique sur la santé, en particulier au début du présent chapitre quand nous avons étudié les effets physiologiques.

Les nombreux usages possibles de la musique dans le domaine de la santé. La musicothérapie: une science jeune et prometteuse
Sans entrer dans trop de détails techniques concernant la musicothérapie, j'essaierai maintenant de vous donner une idée un peu plus précise de l'action de la musique sur la santé physique et mentale. Je parlerai surtout des nombreux usages possibles de la musique dans ce domaine.

Actuellement, dans pratiquement tous les pays du monde, on organise des centres de recherche en musicothérapie.

Si les Américains ont ouvert la voie de la musicothérapie vers 1950, suivis des Européens, il faut attendre vers 1960 pour que la musicothérapie s'impose. On assiste à une deuxième vague en 1965. En 1974, le Comité international de musicothérapie tenait son premier congrès, à Paris. Depuis ce temps, cette science s'est développée, structurée et affirmée dans plusieurs pays.

Selon le Dr J. Verdeau-Pailles, au Ve Congrès mondial

de musicothérapie, en décembre 1985, la nécessité a été évoquée d'en arriver à une définition plus précise de la musicothérapie, définition qui soit universellement admise et d'où découlerait un consensus sur les fonctions et par conséquent la formation du musicothérapeute[2].

Comme on le voit, jusqu'à tout récemment cette science se cherchait encore, comme beaucoup de jeunes sciences. Cela n'enlève rien à sa vigueur ni à sa valeur.

Reconnue comme une véritable méthode de psychothérapie, on voit ses applications déborder le domaine de la psychiatrie, comme en témoignent des communications traitant de l'hypertension artérielle et des actes chirurgicaux, à ce Ve Congrès mondial de musicothérapie. À cette même occasion, on souligne son intérêt dans le traitement des toxicomanies et de l'alcoolisme.

Toujours à ce même congrès, on parle d'exemples cliniques concernant notamment l'autisme, la schizophrénie, les infirmes moteurs cérébraux, les dépressions existentielles. Plusieurs communications étudient aussi la musicothérapie appliquée à diverses tranches d'âge: de l'enfant à l'adulte, puis aux vieillards (gériatrie).

É. Lecourt étend l'application de la musicothérapie à l'adulte et à l'enfant en difficulté, au handicapé physique ou sensoriel ou mental, à l'alcoolique, au névrosé, au psychotique et à l'enfant autistique[3]. Elle fait cependant remarquer que la musicothérapie, quoique utile dans bien des cas, n'est pas une panacée.

Au Canada, l'Université du Québec à Montréal est la première université canadienne à intégrer cette discipline à sa programmation de baccalauréat en musique. Elle a donné ce programme pour la première fois en 1985. La musicothérapie au Canada n'en est encore qu'à ses débuts. Selon Hubert de Ravinel[4], seul le Capilano

---

2. J. Verdeau-Pailles, *Le Ve Congrès mondial de musicothérapie*, p. 1.
3. É. Lecourt, *La pratique de la musicothérapie.*
4. «Une nouvelle approche: la musicothérapie au service des aînés», *La Presse*, 20 août 1988, p. D3.

College de Vancouver et l'Université Wilfrid Laurier de Waterloo en Ontario donnent des crédits universitaires en musicothérapie. Aux États-Unis cependant, 80 universités offrent ce programme au niveau du baccalauréat et de la maîtrise.

L'usage de la musicothérapie dans les hôpitaux n'est pas non plus très répandu encore au Canada. À l'hôpital Royal Victoria, à Montréal, on l'utilise aux soins palliatifs, pour assister les malades en phase terminale. À l'Hôpital de Saint-Jean d'Iberville, on l'utilise en obstétrique pour faciliter l'accouchement. À Québec, à l'Hôpital de l'Enfant Jésus, c'est dans les soins psychiatriques qu'on l'emploie. Nombre de CLSC (Centres locaux de services communautaires) au Québec utilisent la musique pour les soins médicaux. À Vancouver, en Colombie-Britannique, la musicothérapie semble solidement implantée. Cette ville, ouverte à l'Orient, subit sans doute l'influence de la Chine et du Japon, pays où la musicothérapie est en vogue.

Le Dr P. l'Échevin mentionne qu'en Hongrie on utilise la musique comme médecine préventive. On cherche ainsi à prévenir le recours à la thérapeutique psychiatrique. Dans ce pays, on remet à l'honneur la méthode Orff, élaborée au début du XXe siècle. Aux États-Unis, la musique est entrée dans nombre d'hôpitaux. Halpern et Savary citent, entre autres, le Kaiser-Permanente Medical Center, à Los Angeles, le Centre médical de l'Université du Massachusetts, le Hahnemann University Hospital à Philadelphie... Dans ces hôpitaux, et bien d'autres, on fait un usage varié et fort ingénieux de la musique. Par exemple, les patients qui souffrent peuvent utiliser une musique apaisante et un guide de relaxation sur cassette. Certains médecins prescrivent de la musique sur cassette au lieu de tranquillisants.

Au Kaiser-Permanente à Oakland et à San Francisco on fait usage d'une musique relaxante avant les opérations cardiaques, pendant des traitements de chimiothérapie, avec les patients qui ont des maux de dos chroniques, ceux qui font de la haute pression, ceux qui ont des migraines et ceux qui souffrent d'ulcères.

Comme le signalent Halpern et Savary, les auteurs où nous puisons ces renseignements, il est assez nouveau de constater que la musique pénètre directement dans un grand nombre d'hôpitaux. D'après ces auteurs, les promoteurs de cette nouvelle thérapie ne seraient nuls autres que des patients qui ont emporté des cassettes avec eux à l'hôpital et les ont fait jouer aux médecins, aux infirmières et aux autres malades. Les gens, aussi bien le personnel que les malades, se sont ainsi rendu compte des bienfaits que la musique pouvait leur apporter.

Halpern et Savary signalent encore qu'on utilise la musique au A.R.E. Medical Center à Phoenix dans la salle d'accouchement, dans la salle de massage, dans la salle d'attente et même dans la boutique de cadeaux... Dans un hôpital, la musique aide les brûlés à supporter leur souffrance et à guérir. Dans un autre hôpital, la musique vient au secours d'un patient atteint du cancer.

* * *

La musique peut régénérer les vieillards, leur donner le goût de vivre, les détendre, réduire leur angoisse, les sociabiliser.

À la suite d'une expérience menée en 1982 avec un groupe de 20 vieillards semi-indépendants et dépendants, A. Luppi et N. Liporace estiment que leurs objectifs ont été atteints. Les auteurs croient que c'est grâce à l'activité que les individus s'insèrent dans le monde et c'est par l'application d'une musicothérapie active que le groupe a pu progresser. Ce dernier est passé « de la passivité à l'activité, du silence au son, de la rigidité au mouvement et de l'individualité au groupe[5] ».

La musique peut aussi être très utile pour préparer

---

5. N. Liporace et A. Luppi, *La Musicothérapie en gériatrie*, p. 16.

un malade à mourir, comme elle peut consoler ceux qui viennent de perdre un être cher.

* * *

Mais selon le D^r l'Échevin, plus que tout autre, le handicapé physique peut profiter de la musicothérapie, et la musique peut transformer son existence. La chirurgie dentaire utilise la musique comme moyen de relaxation et comme prophylaxie de l'anxiété. Pour guérir les troubles sexuels du couple, tels que l'éjaculation précoce, les statistiques montrent un taux de près de 100 % de réussite.

Dans un article sur le rôle de la musique dans la thérapie des psychotiques, les Dr J. Verdeau-Pailles et V. Bonnefoy citent le Dr Benenzon dans une conclusion qui résume bien leurs observations:

> La musicothérapie commence au stade régressif de la communication et se poursuit jusqu'au moment où l'individu réussit à développer un nombre de voies de communication suffisant pour pouvoir entreprendre le processus éducatif[6].

Pour le professeur N. Tadeusz, compositeur et directeur de l'Institut de musicothérapie de l'Académie de musique à Wroclaw en Pologne, la musique a une action globale extrêmement importante sur l'être humain. Elle est source d'humanisation et contribue également à la réalisation de la dignité humaine aussi bien dans la santé que dans la maladie et la mort[7].

Musique, écologie et... silence
De son côté, R. Murray Schaffer attire notre attention sur deux points assez nouveaux, mais combien essen-

6. J. Verdeau-Pailles et V. Bonnefoy, *Rôle de la musique dans la thérapie des psychotiques*, p. 17.
7. V. Tadeusz, *La Musique en tant que facteur thérapeutique*, p. 40.

tiels: le souci écologique chez le compositeur et l'importance du silence comme moyen de se ressourcer.

Lorsqu'une société manipule n'importe comment les sons, lorsqu'elle ne respecte pas les principes de modération et d'équilibre qui doivent présider à leur fabrication, lorsqu'elle ignore qu'il est un temps pour produire et un temps pour se taire, le paysage sonore glisse de la hi-fi à la lo-fi et meurt, consumé par sa cacophonie[8]!

Cette cacophonie qui nous vient de certains compositeurs, de certains orchestres, en direct, sur disques, sur cassettes, à la radio et à la télévision n'a rien pour renforcer notre équilibre intérieur, notre santé physique et mentale. Et que dire de cette autre cacophonie qui nous vient des rues des grandes et petites villes et même de nos propres maisons?

Halpern et Savary ont fait une étude détaillée fort intéressante de cette pollution par le bruit[9], d'autant plus nocive qu'on en est moins conscient. En insistant aussi sur la valeur du silence, Schaffer ne nous met-il pas sur une nouvelle piste? Et si l'on tourne la médaille de l'autre côté, le langage du silence ne serait-il pas aussi important, plus riche, plus régénérateur même que celui des sons, de la musique? Malheureusement, peu de gens, en ces temps troublés, y sont sensibles.

* * *

---

8. *L'Aventure sonore et ses périls: itinéraires de quelques aventuriers du son*, p. 37.
9. Le «baladeur» (walkman), appareil muni d'écouteurs qu'on place sur les oreilles, nouveau venu sur la scène mouvementée de la pollution, mériterait une étude. On le voit et on l'entend partout: dans le métro, dans l'autobus... Quels sont les effets physiques et psychologiques de cet appareil qui peut devenir, si on l'utilise mal, un «perforateur de tympan»?

Conclusion

Cette recherche a été faite en vue de trouver une réponse à la question : *Quelle est l'influence de la musique sur l'apprentissage, le comportement et la santé ?*

Nous avons interrogé les auteurs dans différents domaines et en particulier les écrits sur la suggesto-pédie. Un cadre conceptuel de la recherche, formé des dimensions simples et complexes de la musique, a été établi à partir des définitions de la musique puisées dans de Candé et d'Ormesson. Certains auteurs affirmaient que la musique a une influence sur les fonctions physiologiques, cérébrales et cognitives. Le cadre conceptuel a permis de formuler les trois questions suivantes pour interroger les auteurs.

Quelles sont les dimensions qui ont une influence sur l'apprentissage et par conséquent sur le comportement ?

Quel est le caractère ou quelles sont les propriétés de cette influence (apaisante, excitante...) ?

Quels sont les effets physiologiques, cérébraux et cognitifs de la musique, et quels sont ses effets sur la santé ?

Les résultats montrent que dans les dimensions simples, c'est la durée, reliée au rythme, à la mélodie et à l'harmonie, qui aurait l'influence la plus profonde sur l'apprentissage. Parmi ces dernières composantes, le rythme aurait l'influence la plus marquée. Pour les dimensions complexes, les auteurs recommandent surtout d'utiliser les musiques baroque, classique et romantique. Les musiques folklorique et populaire viennent au second rang.

L'étude des caractères ou des propriétés de l'influence a démontré que la musique a un pouvoir affectif. Elle provoque un changement de l'état affectif existant. Elle peut inciter à la détente, mais aussi à la tristesse, à la joie... Les réponses affectives à une œuvre donnée sont uniformes dans la plupart des cas. Ces réponses affectives sont le résultat de facteurs comme le tempérament, l'éducation et l'œuvre musicale elle-même.

Les résultats montrent aussi que la musique a des effets physiologiques, cérébraux, cognitifs et des effets sur la santé. La mélodie aurait des effets sur la perception auditive, visuelle, olfactive, gustative et cénesthésique. Certaines formes de musique faciliteraient le rythme cardio-vasculaire et respiratoire, la digestion, la tension et la relaxation musculaire. La musique agirait sur le système neuro-végétatif, sur l'inconscient et en particulier sur l'hémisphère droit du cerveau. Le rythme alpha des étudiants augmenterait pendant le concert d'une leçon de suggestopédie.

Les effets proprement cognitifs de la musique sont nombreux. Elle exercerait une influence sur l'intellect par le biais de l'émotion, de la volonté et de l'inconscient. Elle serait aussi un moyen puissant de réalisation, de perfectionnement et de création intérieure. En suggestopédie, Schuster et Mouzon ont montré que l'effet de la musique a été significatif ($p < .0001$) durant l'acquisition et la mémorisation, et que la musique baroque est plus efficace que la musique classique. De nombreux auteurs en musicothérapie et surtout dans le domaine de la suggestopédie reconnaissent les effets positifs de la musique sur l'apprentissage et la mémorisation.

L'étude de la musicothérapie nous révèle que la

musique peut avoir des effets soit d'apaisement, soit d'amélioration ou de guérison sur nombre de maladies, peu importe l'âge des patients. On s'en sert dans un grand nombre de pays dans les domaines, entre autres, de la psychiatrie, de la chirurgie, de l'obstétrique, des soins dentaires et de la gériatrie. Les traitements de musicothérapie sont souvent très efficaces pour les handicapés physiques.

L'une des difficultés rencontrées dans cette recherche a été d'établir, pour le cadre conceptuel, les dimensions complexes de la musique. Les dimensions simples ont été relativement faciles à identifier, à cause d'une définition très précise de d'Ormesson. Mais cette définition ne semblait pas inclure certaines composantes importantes de la musique. Il a donc fallu s'inspirer d'autres sources pour trouver les dimensions complexes.

Cette recherche peut donner des éléments servant de cadre de référence pour des recherches ultérieures. Elle fournit aussi des explications sur la façon dont la musique agit sur le cerveau et l'intelligence. En outre, elle permet une utilisation plus rationnelle et plus efficace de divers styles de musique dans un but d'apprentissage, d'amélioration du comportement et de la santé physique et mentale.

Cette recherche est arrivée à certains résultats parce que notre démarche s'est appuyée principalement sur la suggestopédie et son utilisation de la musique, et surtout sur les musiques baroque, classique et romantique. La suggestopédie telle qu'appliquée par Lozanov est très sélective dans le choix de ses professeurs. Lozanov exige entre autres qu'ils aient une formation pédagogique, thérapeutique, ainsi qu'une solide formation musicale et une bonne maîtrise de leur voix. De plus, l'environnement qu'il arrive à créer à l'Institut est exceptionnel: une certaine décoration intérieure, des fauteuils luxueux, des appareils stéréophoniques, des appareils scientifiques pour mesurer les réactions physiologiques des étudiants.

Peu d'écoles à travers le monde peuvent réunir autant de conditions presque idéales pour faciliter l'apprentissage, avec ou sans musique.

En outre, si au lieu d'avoir utilisé surtout des auteurs en suggestopédie, nous avions utilisé principalement des auteurs en musicothérapie ou dans d'autres domaines, nous aurions pu obtenir des résultats très différents.

Il pourrait être intéressant de connaître d'une façon précise l'influence de la nouvelle musique contemporaine, du jazz, du rock sur les fonctions physiologiques, cérébrales et cognitives, ainsi que sur le comportement et la santé.

La musique est appelée, croyons-nous, à jouer un rôle de plus en plus important dans la formation des jeunes et des adultes. L'utilisation de la musique comme catalyseur ou facilitateur de l'apprentissage est récente. Elle commence officiellement avec la naissance de la musicothérapie (vers les années 60), pour se développer avec la suggestopédie quelques années plus tard. Bien que cette dernière science ne semble pas tellement progresser actuellement, elle a assez bien démontré divers usages possibles de la musique pour ouvrir la voie aux utilisateurs et aux chercheurs de l'avenir. Quant à la musicothérapie, c'est une science qui semble avoir le vent dans les voiles...

Bibliographie

1 — Livres et monographies

a) Suggestopédie

BÉLANGER, B. *La Suggestologie*, Paris, Retz, 1978.

LERÈDE, J. *Suggérer pour apprendre*, Québec, Les Presses de l'Université du Québec, 1980.

LERÈDE, J. *La Suggestopédie*, Paris, Presses Universitaires de France, 1983.

SAFÉRIS, F. *Une révolution dans l'art d'apprendre*, Paris, Robert Laffont, 1978.

b) Musicothérapie

BENCE, L. et M. MEREAUX. *Guide pratique de musicothérapie*, 2e édition, Saint-Jean de Braye, Éditions Dangles, 1987.

CAPURSO, A., FISICHELLI, V.R. et autres. *Music and your Emotions*, New York, Liveright, 1952.

GASTON, E. Thayer. *Music in Therapy*, New York, The Macmillan Company, 1968.

GUILHOT, M.-A., GUILHOT, J. et autres. *La Musicothérapie et les méthodes nouvelles d'association des techniques*, Paris, Les Éditions ESF, 1979.

LACHAT, J. *Musicothérapie*, Montréal, Guérin, 1981.

L'ÉCHEVIN, P. *Musique et médecine*, Paris, Stock, 1981.

LECOURT, É. *La Pratique de la musicothérapie*, Paris, Les Éditions ESF, 1980.

SCHOEN, M. (Ed.). *The Effects of Music*, New York, Harcourt, Brace & Company, INC, 1927.

c) Médecine et psychologie

CHAUCHARD, P. *Le Cerveau humain*, Paris, Presses universitaires de France, 1980, 1958.

CHAUCHARD, P. *Le Cerveau humain et la conscience*, Paris, Éditions du Seuil, 1960.

DOMART, A. et J. BOURNEUF, *Dictionnaire de la médecine*, Paris, Larousse, 1985.

LAZORTHES, G. *Le Cerveau et l'esprit*, Paris, Flammarion, 1984.

SILLAMY, N. *Dictionnaire de la psychologie*, Paris, Larousse, 1983.

TOMATIS, A.A. *Vers l'écoute humaine*, Paris, Les Éditions ESF, 2 tomes, 1978.

TOMATIS, A.A.. *Éducation et Dyslexie*, 3e édition, Paris, Éditions ESF, 1978.

TROTTER, R.J. et J.V. McCONNEL. *Psychologie science de l'homme*, Montréal, Les Éditions HRW Ltée, 1980.

d) Musique

✳ AÏVANHOV, O.M. *La Musique, le rôle de la musique et du chant dans la vie spirituelle*, Éditions Prosveta. (r.i.), 1982.

✳ AÏVANHOV, O.M. *Création artistique et création spirituelle*, Fréjus, Éditions Prosveta, 1986.

✳ AÏVANHOV, O.M. *La Musique*, Sèvres, Fraternité blanche universelle, [sans date].

BAUDOT, A. *Musiciens romains de l'Antiquité*, Montréal, Presses universitaires de Montréal, 1973.

CANDÉ, R. de. *Nouveau Dictionnaire de la musique*, Paris, Seuil, 1983.

CORNELOUP, M. *L'Heure de musique*, livre III, Tours, Éditions Van de Velde, 1965.

CORNELOUP, M. *L'Heure de musique*, livre IV, Tours, Éditions Van de Velde, 1965.

✳ DUHAMEL, G. *La Musique consolatrice*, Monaco, Éditions du Rocher, 1946.

HONNEGER, M. *Science de la musique*, 2 vol., Paris, Bordas, 1976.

✳ NYSSENS, B. *Une philosophie de la musique*, Paris, Le Courrier du livre, 1978.

ORMESSON, A. d'. *La Petite Encyclopédie de la musique*, Paris, Jean-Cyrille Godefroy, 1983.

✳ SCOTT, C. *La Musique, son influence secrète à travers les âges*, 4ᵉ édition, Neuchâtel, À la Baconnière, 1982.

WINSTON, S.R. *Music as the Bridge*, Virginia Beach, A.R.E. Press, 1970.

e) Général

CHOURAQUI, A. *Des hommes de la Bible*, Mesnil-sur-l'Estrée, Hachette, 1978.

2 — Rapports scientifiques et autres

BANCROFT, W.J. *The Lozanov Method and Its American Adaptations*, Toronto, Scarborough College, 1977.

BUDZYNSKI, T. *Brain Lateralization. A Lecture at Biofeedback Institute of Denver*, 1980.

GASSNER-ROBERTS, S. *The First Suggestopedia German Course in Australia*, Rapport présenté au Congrès international de la Society for Suggestive-Accelerative Learning and Teaching, Fort Collins, CO, 1982.

LEHMAN, D. *Le Rôle de la musique dans la suggestopédie*, Centre de recherche mnémologique, Université Karl Marx à Leipzig, RDA, 1973.

NOWICKI, A.L. et L.A. TREVISAN. *Beyond the Sound, a Technical and Philosophical Approach to Music Therapy*, (r.i.), 1978.

RACLE, G. *Introduction à la méthode Lozanov*, Rapport présenté à la première conférence canadienne sur la suggestologie, Ottawa, Commission de la fonction publique du Canada, 1974.

RACLE, G. (Ed.). *Suggestopédie-Canada 1972-1974, table ronde avec le D' G. Lozanov*, Ottawa, Commission de la fonction publique du Canada, 1975.

YELLIN, D. *Left Brain, Right Brain, Super Brain: the Holistic Model*, Rapport présenté au Congrès annuel de l'Oklahoma Reading Council of the International Reading Association, Oklahoma, 1982.

3 — Articles de périodiques

BANCROFT, W.J. « Foreign Language Teaching in Bulgaria », *Canadian Modern Language Review*, March, 1972, p. 9-11.

BANCROFT, W.J. « The Tomatis Method and Suggestopedia: A Comparative Study », *Journal of the Society for Accelerative Learning and Teaching*, I, 1982, p. 3-17.

BARGAR, D.A. « The Effects of Music and Verbal Suggestion on Heart Rate and Self-Reports », *Journal of Music Therapy*, 4, 1979, p. 158-171.

COOTER, S. « A Teacher's Experience of being a Suggestopedia Student », *Journal of the Society for Accelerative Learning and Teaching*, 4, 254-259, 1980a.

COOTER, S. « Brain Lateralization and Lozanov Concerts », *Journal of the Society for Accelerative Learning and Teaching*, 4, 1980b, p. 261-265.

DONOVAN, P. « Think How You Think », *Journal of the Society for Accelerative Learning and Teaching*, 2, 1982, p. 195-201.

GAMBLE, J. et al. « The Effects of Relaxation Training and Music on Creativity », *Journal of the Society for Accelerative Learning and Teaching*, 2, 1982, p. 111-123.

GARDNER, H. « The Music of the Hemisphere », *Psychology Today*, June 1982, p. 91-92.

HANSER, S.B., LARSON, S.C., O'CONNELL, A.S. « The Effect of Music on Relaxation of Expectant Mothers During Labor », *Journal of Music Therapy*, 2, 1983, p. 50-58.

HASSET, J. « Teaching Yourself to Relax », *Psychology Today*, Aug., 1978, p. 30-40.

KENNY, C.B. « The Mythic Artery: The Magic of Music Therapy », *Journal of Music Therapy*, 1, 1982, p. 39-40.

KLOCKNER, K. « Suggestopedia Applied to an English-as-a-Second-Language Setting », *Journal of the Society for Accelerative Learning and Teaching*, 9, 1984, p. 61-77.

LECOURT, É. « L'aventure sonore et ses périls: itinéraires de quelques aventuriers du son », *La Revue de musicothérapie*, 5, 1986, p. 31-38.

LESSARD, L. « Au Canadien Pacifique, on utilise la suggestopédie », *La Francisation en marche*, 4, 1982, p. 5.

LIPORACE, N., et A. LUPPI. « La musicothérapie en gériatrie », *La Revue de musicothérapie*, 1, 1986, 4-16.

LOUBATON, M. « A comparison of Suggestopedia and Conventional Learning Methods », *Journal of the Society for Accelerative Learning and Teaching*, 2, 1979, p. 100-103.

MCGINTY, J.K. « Survey of Duties and Responsibilities of Current Music Therapy Positions », *Journal of Music Therapy*, 3, 1980, p. 148-160.

MIELE, P., MILLER, J. « Suggestopedia: Easier Learning the Natural Way », *Journal of the Society for Accelerative Learning and Teaching*, 2, 1982, p. 159-160.

MORENO, J.J. « Musical Psychodrama: A New Direction in Music Therapy », *Journal of Music Therapy*, 1, 1980, p. 34-42.

MYERS, E.G. « The Effect of Music on Retention in a Paired-Associate Task with EMR Children », *Journal of Music Therapy*, 4, 1970, p. 190-198.

MYRA, J.S. « Music and Rythmic Stimuli in the Rehabilitation of Gait Disorders », *Journal of Music Therapy*, 2, 1983, p. 69-87.

PASCHALL, M. et W. WHITCARE. « Using Suggestopedia in the ESL Classroom », *Journal of the Society for Accelerative Learning and Teaching*, 1, 1982, p. 32-39.

PAULYN, M. « Body / Mind Integration Through Yoga », *Journal of the Society for Accelerative Learning and Teaching*, 8, 1983, p. 3-4.

PHILLIPS, L.B. « The Friday Morning Group: A Positive Process », *Journal of the Society for Accelerative Learning and Teaching*, 7, 1982, p. 134-141.

PIGEON, G. « Michael Jackson, dieu tout-puissant du showbusiness », *L'Informateur*, 11 mars 1984, p. 3-15.

POLLAK, C. « Suggestology and Suggestopedia Revisited », *Journal of the Suggestive-Accelerative Learning and Teaching*, 4, 1979, p. 16-31.

RACLE, G.« Musicothérapie », *Suggestopédie-Canada*, 4, 1976, p. 2-14.

RACLE, G. « Music, Pedagogy, Therapy: Suggestopedia », *The Journal of Suggestive-Accelerative Learning and Teaching*, 3, 1979, p. 133-151.

RACLE, G. « Civilizations of the Left Cerebral Hemisphere », *Journal of the Society for Accelerative Learning and Teaching*, 1980a, p. 267-274.

RACLE, G. « Psychopédagogie profonde en enseignement des langues », *Médium*, 1, 1980b, p. 73-81.

RADOCY, R.E. et J.D. BOYLE. « Psychological Foundations of Musical Behavior », *Journal of Music Therapy*, 2, 1980, p. 90-91.

RENDER, HULL et autres. « The Effects of Guided Relaxation and Baroque Music on College Students' Test Performance », *Journal of the Society for Accelerative Learning and Teaching*, 9, 1984, p. 33-39.

RIEGLER, J. « Comparison of a Reality Orientation Program for Geriatric Patients with and without Music », *Journal of Music Therapy*, 1, 1980, p. 26-33.

ROSKAM, K. « Music Therapy as an Aid for Increasing Auditory Awareness and Improving Reading Skill », *Journal of Music Therapy*, 1, 1979, p. 31-42.

SAFÉRIS, F. « La suggestopédie ou comment apprendre vite et sans effort », *L'Inconnue*, 31, 1979, p. 70-76.

SCHUSTER, D.H. et D. MOUZON. « Music and Vocabulary Learning », *Journal of the Society for Accelerative Learning and Teaching*, 1, 1982, p. 82-107.

SHAFFER, D. « The Lozanov Effect », *Journal of Suggestive and Accelerative Learning and Teaching*, 4, 1979, p. 177-187.

SAINT-HILAIRE, A. «Rock'n Roll, Les messages subliminaux dans la musique rock». *Protégez-vous*, décembre 1984, p. 9-13.

STAUM, M.J. «Music and Rythmic Stimuli in the Rehabilitation of Gait Disorders», *Journal of Music Therapy*, 2, 1983, p. 69-87.

SUMMER, L. «Tuning up in the Classroom with Music and Relaxation», *Journal of the Society for Accelerative Learning and Teaching*, 1, 1981, p. 46-50.

SZALONTAI, E. «Suggestive Methods of Teaching and Learning», *Journal of Suggestive and Accelerative Learning and Teaching*, 5, 1980, p. 67-73.

TADEUSZ, V. «La musique en tant que facteur thérapeutique», *La Revue de musicothérapie*, 2, 1986, p. 37-40.

TOMATIS, A. «L'homme est une oreille», *Psychologies*, novembre 1983, p. 64-67.

VERDEAU-PAILLES, J. «Le Ve congrès mondial de musicothérapie», *La Revue de musicothérapie*, 1, 1986, p. 1-3.

VERDEAU-PAILLES, J. et V. BONNEFOY. «Rôle de la musique dans la thérapie des psychotiques», *La Revue de musicothérapie*, 3, 1986, p. 11-17.

VINCENT, A. «Le vrai rock!», *Bulletin de presse OCS*, 13 avril 1983.

WINSTON, S.R. «Music as the Bridge», *Journal of Music Therapy*, 3, 1970, p. 170-171.

4 — Thèse, mémoire

ABRAN, H. *L'Influence de la musique sur l'apprentissage des adultes*, Mémoire de maîtrise en andragogie, Université de Montréal, 1986.

LOZANOV, G. *Suggestology and Outlines of Suggestopedy*, New York, Gordon and Breach Science Publishers Ltd, 1978.

5 — Matériel sonore (cassettes)

FOISY, R. *L'Influence de la musique*, Le livre parlant, HC-114, Carignan, [sans date].

REGIMBALD, J.-P.. *Le Rock'n Roll, viol de la conscience par la musique subliminale*, Cassette Maxell, 90 min. (r.i.), 1983.

Index des définitions de mots clés